Contents

Introduction	1
Short Responses	3
Reading Comprehension	12
Dialogue Completion	21
Cloze Tests	31
Prose Passages	38
Letters	43
Advice on writing letters	43
Ending letters	44
Model letters	46
Topics for letters	50
Dialogue	52
Advice on writing dialogue	52
Model dialogues	54
Topics for dialogue	56
Essays	58
Advice on writing essays	58
Model essays	60
Topics for essays	61
Picture composition	63
Model Picture Composition	63
Picture Composition 1–11	66
Test Papers	88
Basic Proficiency	88
Paper I	88
Paper II	90
Paper III	93
Paper IV	95
General Proficiency	98
Paper I	98
Paper II	101
Paper III	103
Paper IV	105
Answers	107
Short Responses	107
Dialogue Completion	118
Cloze Tests	121
Test Papers	123

This book is dedicated to Francis, Lystra,
Sister Maureen Clare and to all our students.

Free Response in Spanish for CXC – a Revision Guide

Karl Brent Harris B.A. P.G.C.E
Vice Principal, Mona Secondary School, formerly Head of Modern Languages, Calabar High School, Kingston

Elinor Felix B.A. Hons. Dip. Ed.
formerly of Immaculate Conception High School, Kingston

Longman Caribbean

Longman Caribbean
Trinidad and Jamaica

Longman Group Ltd
Longman House
Burnt Mill
Harlow
Essex U.K.

© Longman Group Limited 1984

All rights reserved; no part of this publication may be reproduced, stored in a retrieval system, or transmitted in any form or by any means, electronic, mechanical, photocopying, recording, or otherwise, without the prior written permission of the Publishers.

First published 1984

ISBN 0 582 76586 2

Illustrations by Peter Edwards

Set in 9/11pt Times Roman
Printed in Hong Kong by
Wing King Tong Co Ltd

Acknowledgements

We are grateful to the following for permission to reproduce copyright material:

C.A. Editora for an adapted extract from an Editorial in *El Nacional de Ahora* 26.8.80; J.M. Dent & Sons Ltd. for an adapted extract from *Dent's Elementary Spanish Reader* by Mary Stephenson; Ediciones Destino S.L. for an adapted extract from p 137 *Fiestas* by John Goytisolo; Evans Bros Ltd for an adapted extract from *Selina's Bus Ride* by Arnold Curtis; Harper & Row Publishers Inc for an adapted extract from pp 88/9 from *Anansi the Spider Man: Jamaica Folk Tales told by Philip M. Sherlock* (Thomas Y. Crowell) Copyright 1954, by Philip M. Sherlock; Instituto del Libro for the adapted article 'Recreacion en las Presas' from *Bohemia* Magazine; Oxford University Press for an adapted extract from *Hurricane* by Andrew Salkey (1964); Editorial Pueblo y Education for an adapted article from *Lecturas Literarias* Grado 5; S.A. Semana for the article on 'Julio Iglesias' in *Semana* No 2, 103 June 1980; Sangsters Bookstores Ltd for an adapted extract from pp 41/2 *Sprat Morrison* by Jean D'Costa; South Western Publishing Co for an adapted extract from p 137 *Correspondencia Commercial: Fondo Y Forma* by Luis & Antonia Gonzales del Valle; Tiempo Magazine for an adapted news item from p 38 *Tiempo* No 32.

We have unfortunately be unable to trace the copyright holders of adapted extracts from p 55, 63 *Espanol: Grade 4*, p 70–1 *Espanol: Grade 6* pub. Secretaria de Educacionn Publica, Mexico; *Golpe Doble* by V. Blasio Ibanez the adapted articles 'Sombreros de Jipijapapa' by Barton & Cuneo from *Spanish Review*; 'Carlota' by Maria Teresa Sese pub. Editorial Banqueta SA Barcelona; 'El Pesebre' by Renato Prada Oropeza pub. Casa de las Americans March 1980, and would appreciate any information which would enable us to do so.

Introduction

The Caribbean Examinations Council (CXC) emerged out of the desire to develop a system of examinations that would be suited to the needs of the Caribbean societies and relevant to the goals of the participating countries.

The CXC examinations use more than one of the following test formats: multiple choice, short answer questions, structured questions, essays, oral and practical tests in both General and Basic Proficiency levels. In the syllabus for CXC Spanish the aim is to test the four skills of Listening. Reading, Speaking and Writing. "Free Response in Spanish for CXC" addresses itself to the need for extra practice in writing skills. The material provided here is geared towards the demanding needs of the CXC examinations, and should be of significant help to both teachers and students in preparation for this examination.

The aim and intention of the text is:
1 To help students develop appropriate, spontaneous and idiomatic responses to given situations and verbal stimuli.
2 To provide practice in free response and material for dramatisation.
3 To promote the acquisition of conversational vocabulary in everyday situations.
4 To provide exercises and dialogues within the cultural experience of West Indian students.

Content
Free Response in Spanish for CXC does not cover all the Papers offered in the CXC examination but deals only with the Free Response questions in which the ability of the students to create in the foreign language is challenged and tested. It is intended to provide both teaching and testing tools. For this reason alternatives are in the body of the dialogues and suggested model answers to the dialogues, cloze tests and short responses are given. However, the answers suggested are by no means exhaustive. We have tried to make the content of the topics relevant to the experience of Caribbean students. The exercises can be used by students preparing for either Basic or General Proficiency although the comprehension passages

and proses are geared to the General level student. Although the short responses are provided for the Basic level students, we feel that students preparing for the General Proficiency will also benefit greatly from these exercises. In fact, some of the situations can be expanded into dialogue situations.

The following exercises are included:
Short Responses
Dialogue Completion
Topics for Letters
Topics for Essays
Topics for Dialogues
Cloze Tests
Comprehension Passages and Questions
Prose Passages for Translation
Picture Compositions
Test Papers

The test papers provided include all the alternatives. Teachers may choose any combinations of the alternatives for any given test, whether cloze test, prose, reading comprehension, dialogues, letter or free composition.

Some students may feel that some of the passages and exercises presented are difficult. Our aim was not to present exercises that would be easier than those that they would meet in the CXC examination but rather to encourage them to expand their vocabulary in a variety of areas hitherto avoided by them and to encourage the increased use of idiomatic expressions, It is in this light that we hope that the text will be used.

Finally, we would like to encourage teachers to abandon the purely theoretical approach to language teaching but rather to seek the meaningful use of language in dialogue, written communication and to treat language not as an abstraction, but as a reality. We hope that this text will provide, at least, the tool to test language acquired in this way.

We are deeply indebted to Miss Verna Brown and Miss Claudette Rose-Green for meticulously proof reading the text and to our friends from Latin America – Cuba, Colombia, Venezuela, Panama and Santo Domingo – for their support, help and advice in the writing of this text. They are responsible for the model essays included in this book. They also corrected inaccuracies and offered more colloquial expressions for the options in the answers. For this we also wish to thank most sincerely, Mr. José Antonio Rodriquez and his mother Luisa Serrano, Viola Hamilton, Diego Valencia, Violeta Alvarez and Eladio Bottier, most of whom were teachers in their native countries and have a special interest in the learning of Spanish as a means of fostering closer ties between Latin America and the English-speaking Caribbean.

Short Responses

Write ONE sentence, in SPANISH, giving a suitable response to each of the situations given below. (Do NOT translate the sentences given).

1. The bus in which you are travelling is hot and stuffy and you would like your companion who is sitting by the window to open it. What do you say?
2. You wish to buy an article. The clerk tells you the price in the local currency but you only have U.S. dollars. What do you say?
3. In Mexico you try to buy an article using British pounds. The clerk refuses to accept. What does the clerk say?
4. At the bank you wish to change U.S. dollars for Venezuelan currency. What do you say?
5. Anita is about to leave for school. It is raining. Her mother suggests that she take an umbrella because of the rain. What does she say?
6. Your mother cannot give you any money for lunch. She tells you to take a sandwich instead. How does she express this?
7. You and your friend have just finished a meal at a restaurant and you want the waiter to bring you the cheque. How do you express this?
8. A policeman told you how to reach a certain shopping area but spoke too quickly for you to understand fully. What do you say?
9. Little Carlitos is about to sit at the table to have dinner with dirty hands. His mother orders him to the bathroom. What does she say?
10. You have just arrived at the airport in a Spanish-speaking country. What does the Immigration Officer say to you?
11. You have just returned from travelling abroad. At the airport what does the Customs Officer say to you?
12. The family is at dinner and you wish to have more gravy. What do you say?
13. You see a lovely blouse/shirt in a shop window but you are not sure you have enough money. However, you enter and speak to a clerk. What do you say?
14. You are in a cinema and your companion has just left for the bathroom. Someone else comes and is about to sit in your friend's seat. What do you say?

15. You see an empty seat in a cinema beside a young lady. What do you say before you attempt to sit down.
16. Your date is taking a long time to get dressed and you are afraid you will arrive late for the football game. What do you say?
17. At the bank the clerk asks for some identification in order to change your traveller's cheque. What do you say?
18. You are travelling in a bus and you are not sure at which stop you should get off for the Post Office. You ask someone beside you for help. What do you say?
19. You have to apologise to a friend for not attending her party last night. What do you say?
20. You are in a restaurant and you need to use the bathroom. What would you ask the waiter?
21. A pupil who has been inattentive, answers incorrectly in class. What does the irritated teacher exclaim?
22. Carmen goes to meet a friend at the airport who she has not seen for a long time. What does she say on seeing her in order to express her joy?
23. As the passengers present their luggage for inspection, what does the Customs Officer ask?
24. You are in the market and want to buy a dozen oranges. What do you ask the vendor?
25. Two gentlemen from Peru are seated in a restaurant and are about to eat. What do they wish each other?
26. A teacher is conducting a large group of small children on a tour and wants to make sure that no one is missing. What does she say to the group?
27. You want to go up to the fifth floor and try to use the elevator. Someone passes and informs you that the elevator isn't working. What does she say?
28. Carlos wants to know if he is at the right bus stop for Zócalo. What does he say?
29. You and your friends sit at a table in a bar. The waiter approaches. What does he say?
30. You enter a pharmacy and wish to buy some medicine for a headache. What do you say?
31. Two young people are introduced to each other. What does each person say?
32. You have just been introduced to someone and are about to leave. What is your response?
33. Two good friends meet by chance after not seeing each other for some time. What may one say to the other?
34. You ask your mother to wake you at 6 a.m. as you have an urgent appointment. What do you say?
35. Two young people during a conversation discover that they are both invited to the same party that night. What may one say to the other?

36. Ricardo has just come back from school and is about to turn on the radio but his mother is afraid that he may awaken the baby. What does she tell him?
37. You return home after writing an examination paper. What does your mother say to you?
38. You need to know the date. What do you say?
39. Little Carlos is apparently not having his soup as quickly as he usually does. What does his mother say?
40. You would like to find out where the Tourist Office is. What do you ask?
41. You have just arrived in Caracas and are looking for a place to rent. You enquire at a house. What do you ask?
42. Carlos is leaving for a vacation abroad and says goodbye to you at the airport. What do you say?
43. One of your friends asks you if you know Paul who happens to be a friend of yours. What do you say?
44. You have five minutes more to wait before your father returns to pick you up at the Library. Your friend asks what time you plan to leave. What do you reply?
45. You have just moved to another part of town and your friend would like to know your present address. What does he ask?
46. Maria tells you her address but you would like to know her telephone number. What do you ask?
47. You certainly did not expect to see Maria here! Express your surprise.
48. Your bag is missing and you go to the Police Station to report your loss. What do you say?
49. A man brings a television set to your house and wants to know where to put it. What does he say?
50. A man delivers a fridge to your home. Tell him where to install it.
51. You would like to find out where your friend stayed while on vacation in Lima, Peru. You ask him/her...
52. You would like to find out how your friend spent his/her short vacation in Ecuador.
53. While travelling on a bus someone elbows you slightly and asks to be pardoned. What do you say?
54. You are asked by a Costa Rican visitor where he could find the Post Office but you yourself are a stranger in this town. What do you say?
55. You are in a Travel Agency booking a ticket for a vacation in Panama. How do you express this?
56. You would like to be introduced to a charming girl/boy. You ask your girlfriend to help.
57. Tonight it is either the cinema or the theatre. You ask a girlfriend to make a choice.
58. A sudden cheerful laugh from your companion puzzles you. You enquire about this.

5

59 You are an avid football fan and your team has just scored the winning goal. What do you do?
60 Maria is baby sitting. Left alone for a few minutes the child paints all over her body and face with powder paint. What does Maria do?
61 Your baby sister daubs ketchup all over her new clothes. What do you do?
62 A sudden gust of wind and the curtain pulls off a glass jar and it crashes to the floor scattering splinters all over the floor. What do you do?
63 Carmen is late home from school, she finds her dinner on the table but it is cold. She hates a cold meal, what does she do?
64 Ana's cat has been crying for a long time; it is obvious that it is hungry. What does Ana do?
65 You are reading and suddenly the electric lights go off. What do you think has happened?
66 Granville fell off a tree. He was taken to a doctor who put one of his legs in a plaster cast. What had happened to Granville due to the fall?
67 You are watching a cricket match and there is a sudden heavy downpour. What happens?
68 My mother does not wish to let me go into the swimming pool because .....
69 You have just completed checking in at the airlines counter in the airport and an announcement regarding your flight comes over the public address system. However, you didn't quite understand. What do you do?
70 In the same situation as above, what do you say to the airline clerk?
71 Maria and Pepe are at the ticket office of a theatre hoping to get in but seats for that night's performance are all sold out. What does the cashier say?
72 A mischievous boy puts a live lizard into the bag of a very timid girl. When she opens the bag, what happens?
73 Your father is offered a cigarette, but refuses stating that he only smokes a pipe. What does he say?
74 Two men are about to have a drink in a bar. What do they wish each other?
75 You are applying to do a course at a Commercial College. The secretary hands you an application form and says: ...
76 You would like to record a programme to be broadcast on the radio, but you have no batteries for your tape recorder. You telephone a friend for help. What do you say?
77 Your tape recorder is not working and you telephone a friend for help. What do you say?
78 Due to inclement weather the authorities of your school issue an announcement over the radio cancelling classes for the day. How would that be stated?
79 There has been some flooding in the area approaching a bridge. There

is a sign advising motorists that the bridge is impassable. What does it say?
80. Your father reads the sign above. What does he do?
81. You are at the Stadium attending the Grand Gala and lose your nephew who was in your charge. What would you do?
82. Your mother gave your brother some money to pay for his school books. He lost the money on the way to school. What did he do?
83. If you were walking through the town and were to see an old house on fire, what would you do?
84. You are alone in the house and you hear a noise as if someone is trying to enter the house. What will you do?
85. If you were about to buy two tickets for a show but found that you had left your wallet at home, what would you do?
86. If you had an important appointment to keep and your car ran out of gas, what would you do?
87. You go to the airport to meet a friend who does not arrive. What do you do?
88. Your mother catches the maid red-handed trying to steal your jewels. What does she do?
89. A careless driver runs over your dog. What does he do?
90. A friend and yourself are in a tree picking mangoes when the owner appears. What do you do?
91. The father of a friend has died after a terminal illness. You phone to express your condolences having just received the news.
92. You are presenting a gift to a departing co-worker on behalf of the others. What do you say?
93. You have just dialled a wrong number. Apologise.
94. You are announcing on the radio that the match between Peru and Colombia ended in a draw yesterday.
95. You have just been chosen to be a member of your school tennis team. Exclaim your surprise to your mother.
96. You are inviting out a friend. Ask her at what time you must collect her.
97. You are in the Venezuelan Embassy asking for a visa for a two week visit.
98. You are a secretary and request your boss' signature.
99. You are applying for a secretarial post and you are asked how many words a minute you can type. How was this expressed?
100. At the hospitality desk you are welcoming a group of Spanish-speaking visitors. What do you say?
101. You are walking by a store with your father. Tell him that you want him to buy the dress/shirt in the shop window.
102. You are smoking in the non-smoker part of the plane, the hostess tells you that smoking is not permitted. What does she say?
103. Some children are playing noisily outside the window of a private home. The enraged owner shouts...

104 You are Juanita and you have left your room in an untidy condition. Your mother orders you to tidy it up. What does she say?
105 You have a prescription to fill for your mother. What do you say to the pharmacist?
106 Two people are talking in front of you in the cinema and you cannot hear. Ask them to be quiet.
107 A beggar, begging for money, approaches you. What does he say?
108 Suppose you were driving in a convoy and got separated from the group. What would you do?
109 You are in the bank when two robbers enter and hold up the cashier. What do you do?
110 You are travelling to Spain with two others. You get on the train just in time, leaving your companions on the platform. Even worse, you realize that you are carrying the handbag of one of them. What do you do?
111 You have just bought a new radio and when you get home you find it is defective. What will you do?
112 A little bird has crashed into your glass window and seems to be hurt. What do you do?
113 You are at the doctor's and feel very ill. What do you say to the doctor?
114 You wish the service station attendant to check your tyres and to put some oil in your car. How do you tell him to do so?
115 You have just won $20,000 in the national lottery. What will you do with the money?
116 César Forza is a famous boxer. He is overweight for the upcoming match. What does his manager tell him?
117 It is your friend's birthday party. What will you do to help?
118 You have just seen a very good play. Exclaim to your friend how magnificently the actors played their roles.
119 You have just received the news on the radio of the approaching hurricane. What preparations do you make?
120 You are in a restaurant eating and notice a fly in your meal. What happens?
121 Your brother is about to sit for an exam. What do you wish him?
122 A fellow student played a practical joke on the teacher. What did the teacher do?
123 You are trying to get off the bus and have to jostle past a lady. What do you say to her?
124 You have been staying at someone's house for a while and express your gratitude.
125 You are at a party and a boy requests a dance. What does he say?
126 At the zoo the public is requested not to feed the animals. What does the sign say?
127 You want to become a member of the city library. What do you say to the librarian?

128 Your grandmother is in the hospital and you visit her. You enquire after her health.
129 Two engineers from El Salvador will be staying at your aunt's house and want to know what she will charge them. What do they say?
130 At a party someone spilt a drink on a girl's beautiful white dress. What did she say?
131 You are in the market and hesitating over the purchase of a fruit. The frustrated vendor orders you to try it.
132 Your mother just baked a delicious cake. What did you say to her?
133 You opened your suitcase at home after a trip abroad and discovered it was not yours. What did you exclaim?
134 You are new to the neighbourhood and ask what day the garbage truck passes.
135 On the way home from school you see a little girl crying. What do you ask her?
136 You were walking in the street and someone snatched your necklace. What did you shout?
137 You have already paid for tickets in a stage show and after waiting in the queue for an hour you are told that all the seats are taken. What do you say?
138 The cashier gave you $20 change in excess. You realised this an hour later. What did you do?
139 You have been waiting a long time to be served the chicken you ordered in a restaurant. What do you exclaim in anger?
140 Your friend and her boyfriend have just announced their engagement and you wish them well: ...
141 You have just received some bad news but your friend tells you not to worry.
142 If your plane was delayed for two hours, what would you do in the airport?
143 You are a guide at the National Museum and ask the public to follow you. What do you say?
144 Elena is about to sit an examination and does not wish to eat the breakfast that has been prepared. She explains this to her mother.
145 At an athletic meet at the stadium one of the athletes fell and injured his foot. What happened next?
146 Your mother has been away for a long time and you tell her how much you missed her.
147 If you lost some very important documents, what would you do?
148 A friend of yours is going abroad for two years. Ask her/him to write to you soon.
149 You were leaving a friend's house after spending an enjoyable evening. What did you say?
150 You are bargaining with a sales lady and she tries to convince you that it is a bargain. What does she say?
151 Your brother went fishing and has just returned home. You want to

9

know if he had any luck. What could you say to him?

152 You usually return home from school by a certain hour, but today you have to stay for a special club meeting. You send a message by your sister to your mother. What do you say to your sister?

153 You usually return home from school accompanied by your brother. What would your mother say if you returned home alone?

154 On your way to an afternoon show at the cinema you were badly splashed by a passing motorist. What did you do?

155 At the library you accidentally went into a private room which is strictly closed to the public. A severe and annoyed librarian asks you .....

156 Maria is taking a shower. The telephone rings persistently. As she thinks her brother is somewhere in the house, what does she do?

157 This has been a long telephone call; you wish to end the conversation with the boring speaker. What can you say?

158 Carmen is a receptionist at a doctor's office. There is a sign which indicates that smoking is not allowed. However, a client enters and starts to smoke. What does Carmen do?

159 Someone has just arrived at your house and you invite him/her in and make the person welcome. What do you say?

160 Juana and Felipe are at a table in a restaurant. They see a mutual friend enter. Felipe asks the friend to join them. What does he say?

161 Your employer, Mr. Smith, was expecting an important visitor but had to leave suddenly for an important meeting and would return soon. The visitor has arrived. How would you tell him/her all of this.

162 If a goat from a nearby farm strayed into your home and was eating plants that you have growing in your backyard, what would you do?

163 If you were trying to complete a homework assignment but were being distracted by a radio commentary on a Test Match to which your elder brother was listening, what would you do?

164 What would you say in the above situation?

165 At a party your uncle gets very drunk and is behaving in a boisterous manner. It is late and the guests are leaving. What does your father do?

166 You see one of your classmates using a pen which you lost some time ago. What do you say to him?

167 Your mother is looking for a comb. You used it last and broke it. What do you say?

168 You hear a crash in the dining room. When you investigate, you see the tablecloth on the floor and your baby brother playing with the broken vase. What had happened?

169 You suggest to your friend that you both should go to an ice-cream parlour to have a sundae. Your friend declines because he has no money. What do you say?

170 Your mother is ill and cannot go to the Supermarket where she works. She asks you to go and explain why she would not be at work.

What does she say to you?
171 What do you say to the manager of the Supermarket?
172 Your little sister was running, fell and hurt her leg. What did she say when you asked what was wrong?
173 You were hunting unsuccessfully for an apartment. Each place you tried was filled. What were you told?
174 You are unable to accept an invitation. What do you say?
175 You have a friend who is beset by various problems and you enquire if her situation has changed. It has not. What answer does she give you?

Reading Comprehension

Read carefully the following passages which are NOT to be translated, then answer the questions below in ENGLISH. Marks will be deducted for answers which constitute material MERELY TRANSLATED FROM TEXT.

1 Bogotá 21 de octubre

Serios disturbios se registraron en esta capital y las principales ciudades del país. Diez omnibuses fueron incendiados y unos manifestantes se enfrentaron con la fuerza pública.

Esta noche había más de 10,000 personas detenidas por haber participado en el segundo paro cívico nacional contra la represión, la carestía y la injustia social.

La policía reportó que hubo 50 bombazos. Entre las poblaciones de Florian y Landazuri, en la provincia de Santander, el ejército fusiló a tres paristas y esta noche el Ministerio de la Defensa dijo que se trataba de guerrilleros de las Fuerzas Armadas Revolucionarias (FARC) que se enfrentaron a los militares.

Now answer the following questions in SPANISH. Your answers need not be in sentences, although full answers are expected. Leave a line between each of your answers.

1 ¿En dónde ocurrieron los desórdenes?
2 ¿Qué hicieron los manifestantes?
3 ¿Por qué fueron detenidos los paristas (huelguistas)?
4 ¿Según el reportaje, ¿cuál fue el motivo del paro nacional?
5 ¿Puede vd. citar dos ejemplos de violencia relatados en el reporte?
6 ¿Cómo describieron las autoridades a los tres paristas fusilados?

2 Diario de Caracas 17.10.80

Todas las noches durante varios días seguidos, me dirigía a la misma fuente de soda, pidiendo lo mismo: una pizza y una cerveza. Siempre era atendido por el mismo mesonero.[1]

Después de las primeras veces este mesonero al verme solía acercarse a mi mesa y decirme "Buenas noches. ¿Lo acostumbrado?" Mi respuesta también era la misma. "Buenas noches, Jorge. Sí, lo de siempre, gracias."

Por supuesto, este diálogo se hacía en español. Así que imaginen mi sorpresa aquella noche en la que me dijo en perfecto inglés.... "Hola, ¿le gustaría probar una pizza diferente esta noche?"

La expresión de mi cara debió haber cambiado violentamente.

Uno nunca espera conseguir mesoneros que dominen el inglés ni aun en los restaurantes más elegantes, exceptuando los de los grandes hoteles. Pero aquí estaba trabajando en una pizzería de clase media.

1 Camarero

Now answer the following questions in SPANISH. Your answers need not be in sentences, although full answers are expected. Leave a line between each of your answers.

1 ¿Adónde solía ir el autor cada noche?
2 ¿Cuál era su pedido usual?
3 ¿Qué le sorprendió una noche al autor?
4 ¿Cómo se sabe que el incidente fue para él una gran sorpresa?
5 ¿Dónde es posible encontrar a camareros que hablen inglés?
6 ¿Cómo describe el autor la fuente de soda?

Reading comprehensions continue over

3 Qué mala suerte

Un señor muy gordo corría hacia el autobús cuando se le cayeron al suelo los anteojos. Hicieron un ruido terrible al chocar con las baldosas. El señor se agachó afligidísimo porque los cristales de anteojos cuestan muy caro, y descubrió con asombro que por milagro no se le habían quebrado.

Se sintió profundamente agradecido, y comprendió que lo ocurrido valió por una advertencia amistosa, de modo que se encaminó a una casa de óptica y adquirió enseguida un estuche de cuero almohadillado de doble protección.

Sintiéndose muy contento el señor siguió su propio camino. Una hora más tarde mientras que hablaba y tomaba cerveza con amigos en un bar se le cayó otra vez el estuche, y al agacharse sin mayor inquietud descubrió que los anteojos se habían hecho polvo.

Now answer the following questions in SPANISH. Your answers need not be in sentences, although full answers are expected. Leave a line between each of your answers.

1 ¿Dónde cayeron los anteojos?
2 ¿Cuánto cuestan los cristales de anteojos?
3 ¿Por qué se quedó sorprendido el señor?
4 ¿Cuál fue el sentimiento del señor?
5 ¿Adónde se fue el señor después?
6 ¿Qué compró el señor?
7 ¿Por qué compró este artículo?
8 ¿Cuándo se le volvió a caer el estuche?
9 ¿Por qué no tenía más cuidado?
10 ¿Cómo estaban los anteojos cuando los recogió?

4 Delinquency Index on the Increase

En las últimas semanas han crecido, en el número y en la forma, los robos y los delictuosos hechos de sangre que han preocupado a la comunidad. Los atacos a comercios y gasolineros están a la orden del día.

Son los barrios de los empobrecidos, de la modesta clase media y aun algunos de los periféricos en donde vive la clase más pobre y más misera de la ciudad, donde, con mayor frecuencia, prosperan y se dilatan los despojos, los asesinatos, los atacos y los crímenes.

Aparentemente este crimen está organizado en las "gangas" juveniles que armadas de revólveres y de todo tipo de armas, atacan los barrios manteniendo en nervioso miedo a sus intranquilos ciudadanos.

Mucha gente se siente indefensa. Se siente desamparada a merced de los malhechores. Por eso ciertos sectores urbanos están exigiendo más protección policial contra esos maleantes que les perturban el sueño y les amargan la vida.

La Policía debe extender su patrullaje. Debe hacerlo más frecuente y más activo. Según el doctor Julio Ibáñez Torres necesitan más efectivos, más equipo, más instrumentos para fines de investigación, y lo demandan al Poder Ejecutivo. Este no disputará con la generosidad, y se apresurará a otorgarles cuanto les sea preciso para modernizar la organización policial, y ponerla en condiciones de evitar que nuestro país, amenazado desde afuera y desde adentro, por tantos vicios- drogas, pornografia etc caiga en el abismo en que concluye la disolución social y la anarquía.

Entretanto, la gente de los barrios forma brigadas comunitarias para autodefenderse. Ya algunos barrios lo han hecho y han espantado a los malhechores.

Now answer the following questions in SPANISH. Your answers need not be in sentences, although full answers are expected. Leave a line between each of your answers.

1   ¿Qué es la gran preocupación de la comunidad?
2   ¿Dónde ocurren con más frecuencia los crímenes?
3   ¿Quiénes eran los responsables de estos crímenes?
4   ¿Describa la reacción de los ciudadanos?
5   ¿Qué exigió la gente?
6   ¿Qué tenía que hacer la policía?
7   ¿A quién pediría ayuda la policía?
8   ¿Con qué fin iban a pedir esta ayuda?
9   ¿De qué está sufriendo el país en este momento?
10 ¿Qué hace la gente para autodefenderse y con qué resultado?

5 Recreación en las Presas

La creciente construcción de presas despueś del triunfo de la Revolución cubana, además de dar respuestas a las necesidades económicas para el desarollo, al mismo tiempo ha podido satisfacer los diferentes intereses recreativos de jóvenes y adultos.

En algunas de estas instalaciones existen bases de pesca, por ejemplo en "Niña Bonita" en la ciudad de la Habana y "Minerva" en Villa Clara. Se permite a los pescadores – si anteriormente han conseguido un carné[1] que los acredita como tal – aprovecharse de esta oferta gratuita de pescar en las presas.

Pero....¿cuáles son las emociones que experimenta un pescador? Nadie mejor para responder a esta interrogante que un veterano participante en este deporte. En "Niña Bonita" encontramos a un verdadero amante de esta disciplina – Antonio Rodríguez. Su agilidad es tal, que apenas representa tener cumplido 65 años. Es un destacado activista y maestro en el arte de enseñar a pescar la trucha.

Sobre sus vastas experiencias en este deporte, nos dice:—

"Mi afición a la pesca data de mi infancia. Mi familia era sumamente pobre, así por necesidades económicas aprendí a pescar.....

Ahora, ya que la situación ha cambiado, la pesca para mí es motivo de sana recreación. Me siento tan feliz a la orilla del agua. Es un excelente medio de preparación física.

1   carné: = permiso (fishing licence)

Now answer the following question in SPANISH. Your answers need not be in sentences, although full answers are expected. Leave a line between each of your answers.

1   ¿Cuándo empezó a acelerar la construcción de presas?
2   ¿Para qué sirve una presa?
3   ¿Cuáles son otros usos de las presas en Cuba?
4   ¿Qué se encuentra en las presas?
5   ¿Qué se necesita para pescar en una de estas instalaciones?
6   ¿Cuánto dinero hay que pagar para pescar?
7   ¿A qué disciplina se refiere el autor?
8   ¿Cómo es Antonio Rodríguez?
9   ¿Desde cuándo empezó a pescar Antonio Rodríguez?
10 ¿Por qué tuvo que aprender a pescar?
11 ¿De qué manera ha cambiado la actitud del Señor Rodríguez con respeto a la pesca?

6 Beethoven

Beethoven nació el 16 de diciembre de 1770, en Bonn, Alemania, en una buhardilla de casa pobre; su padre, un tenor borracho y sin talento; su madre, una sirvienta, hija de un cocinero a quien Beethoven adoraba.

Desde el principio, la vida se le reveló como un combate triste y brutal: su padre quiso explotarlo, por las disposiciones musicales que mostraba, y exhibirlo como a un niño prodigio; a los cuatro años de edad lo sentaba durante horas enteras frente al clavicordio, o lo encerraba con un violín, y lo abrumaba de trabajo. Un poco más, y para siempre le hubiera hecho odioso el arte. Sin embargo Beethoven estaba convencido de que a pesar de todo su genio triunfaría.

En los años 90 ya el dolor había llamado a su puerta; se había apoderado de él para nunca más dejarlo: comienzan los estragos de la sordera; los oídos se debilitan más y más y sus esperanzas de curación desvanecieron. Parece increíble, pero Beethoven compuso sus mejores obras, estando completamente sordo. Por fortuna, sus pensamientos y su pasión por el arte lo sostuvieron en tan dolorosos trances.

Además de los problemas de salud a Beethoven lo asediaban también los apuros de dinero. Sin embargo a pesar de tantos obstáculos nada favorables al sosiego que la producción artística exige, Beethoven logró superarlos y se hizo en el campo musical un astro de primera magnitud. Conoció todos los secretos del arte: no fue solamente un continuador magnífico de sus grandes predecesores, sino también un creador de nuevos recursos y nuevas formas musicales.

Murió Ludwig van Beethoven en Viena, durante una tempestad de nieve y al fulgor de un relámpago. Una mano extraña le cerró los ojos el 26 de marzo de 1827.

Now answer the following questions in SPANISH. Your answers need not be in sentences, although full answers are expected. Leave a line between each of your answers.

1   ¿De qué nacionalidad era Beethoven?
2   ¿Cuáles de las acciones del padre demuestran que era cruel?
3   ¿Cómo se sabe que Beethoven era optimista?
4   ¿Qué enfermedad le afligió a Beethoven?
5   ¿Qué otros obstáculos tenía que enfrentar Beethoven?
6   Beethoven es conocido como un astro en el campo musical ¿por qué?

7 Los reyes españoles recibieron a Julio Iglesias
– Chiquitines, ¿no se saluda?

Cuando don Juan Carlos hizo esta pregunta a los hijos de Julio Iglesias, comprendimos que una audiencia real no tenía por qué ser necesariamente fría y protocolaria y formal.

Chabely, Jose y Enrique, bastante tímidos por cierto, fueron estrechando la mano que les ofrecía el Rey. Luego, don Juan Carlos los besó.

Nos encontrábamos en el salón grande de audiencias. A un lado, los periodistas y fotógrafos de prensa. Enfrente, Julio Iglesias, sus tres hijos y varios acompañantes. Esperábamos a la Reina, doña Sofía. Julio, entretanto, les explicaba a los niños cómo tenían que saludar a doña Sofía.

Al ver a Chabely seguir sus instrucciones, Julio se puso a reír.

– Bueno, no creo que su Majestad se enfade si no la saludáis tan formalmente.

José y Enrique estaban simpatiquísimos con sus pantalones cortos rojos. Alguien apuntó.

– Estos niños cada día se parecen más a su madre. Son, efectivamente el vivo retrato de Isabel Prebster.

Luego, tras el anuncio del ayudante, entró la Reina, jovial y sonriente. Saludó a todos. Chabely hizo (como pudo) la "reverencia" previamente ensayada. A doña Sofía le hizo mucha gracia. Felicitó a Julio por su recital benéfico, celebrado la noche anterior en el madrileño Palacio de los Deportes.

– Estuviste magnífico, Julio, – le dijo. Pasé dos horas estupendas..

La Reina y el cantante conversaron amistosamente durante varios minutos.

– El mes que viene canto en su tierra, Majestad.

– ¡Qué bien! ¿En qué ciudades?

– En Salónica y Atenas, la misma capital de Grecia.

– Siempre viajando.

– Siempre. También tengo que ir a Barcelona y California.

La Reina, respondiendo a una pregunta de un acompañante de Julio, dijo que el recital de Iglesias era el primero de carácter popular que había asistido.

Se entregó a doña Sofía un cheque por la cantidad recaudada en el recital de Julio Iglesias, celebrado a beneficio de los huérfanos.

Now answer the following questions in SPANISH. Your answers need not be in sentences, although full answers are expected. Leave a line between each of your answers.

1 ¿Cómo estaban los niños al encontrar al rey?
2 ¿Cómo saludó el rey Juan Carlos a los niños?
3 ¿Dónde se celebró la audencia con los reyes?
4 ¿Por qué se rió Julio?
5 ¿Quién es la madre de los niños?
6 ¿En qué ciudad acaba de cantar Julio?
7 ¿En qué sitio se celebró el recital?
8 ¿De qué país es la Reina?
9 ¿A quién se parecen los niños?
10 ¿En qué forma recibió la Reina el dinero y que va a hacer con él?

Reading comprehensions continue over

8 El Charlatán y el Borrico

Hace muchos años había un hombre que se había dedicado a ganarse la vida engañando a la gente sencilla. Entre otras mentiras anunció que había descubierto el secreto de hacer hablar a los animales. Al fin llegó su fama a oídos del rey.

Pero el rey era un hombre muy justo y para él no bastaban las palabras solas. Por lo tanto, hizo llamar al charlatán a su presencia y le preguntó si era verdad que él sabía hacer hablar a los animales. El charlatán dijo que sí y el rey respondió que mandaría traer un borrico del establo para que el charlatán le enseñara a hablar.

"Tendré mucho gusto en enseñárselo, y aprecio el honor que me hace Vuestra Majestad. Pero me atrevo a hacerle una pregunta. ¿Cuántos años se consideran como necesarios para la enseñanza de los súbditos de Vuestra Majestad?".

El rey no lo supo, pero uno de los cortesanos contestó que pasaba la mayoría de los chicos diez años en la escuela.

"Pues lo menos diez años me hacen falta también para dar una enseñanza completa al borrico de Vuestra Majestad."

Esto al rey le pareció justo. El charlatán recibió una bolsa de oro y firmó un documento en que prometió que cumpliría con la enseñanza del borrico dentro de diez años. Pero si no, sería ahorcado sin más ni más.

A la salida del palacio le esperaba un amigo, que quedó pasmado al oír lo que había pasado.

¿Cómo te las vas a arreglar al fin de los diez años? Sabes que es imposible enseñar a los animales?

El charlatán sonrió. "No tengo miedo de morir ahorcado," contestó. "En los diez años que tenemos delante, de seguro ha de morir uno de los tres, el rey, o el asno, o yo".

Now answer the following questions in SPANISH. Your answers need not be in sentences, although full answers are expected. Leave a line between each of your answers.

1 ¿Cómo se ganaba la vida el charlatán?
2 ¿Qué pretendía el charlatán que podía hacer?
3 ¿Por qué mandó el rey a su presencia al charlatán?
4 ¿Cómo iba a probar el rey la verdad de las palabras del charlatán?
5 ¿Por qué le permitieron (o se permitió) al charlatán diez años para enseñar al animal?
6 ¿Cuáles fueron las condiciones que le exigieron?
7 ¿Qué sería la pena si no cumpliera con su promesa?
8 ¿Qué fue la reacción de su amigo?
9 ¿Por qué se sintió él de esta manera?
10 ¿Explíquense el porqué de la confianza del charlatán?

Dialogue Completion

Read carefully the parts of the conversation given below. Then write sentences which in your opinion will appropriately complete the dialogue. Make sure that you number your answers in accordance with the numbers given. Do not simply write *sí* or *no*.

Dialogue 1

A lady goes shopping

Dependiente: Buenos días señora ¿En qué puedo servirle?
Señora: 1 _____
Dependiente: ¿Cómo quiere los zapatos? ¿... de cuero, de becerro, de patente?
Señora: 2 _____
Dependiente: Los tenemos en marrón y negro ... con tacón alto y con tacón bajo.
Señora: 3 _____
Dependiente: Siéntese por aquí. ¿Qué número lleva Vd? (usa vd) (¿cuál es su número?)
Señora: 4 _____
Dependiente: Le traigo tres pares señora; son de muy buena calidad.
5 ¡_____!
(Ella los prueba)
Dependiente: ¿Cuál prefiere usted?
Señora: 6 _____
Dependiente: Son muy elegantes, señora. ¿qué le parece?
Señora: Sí, son elegantes pero 7 _____
Dependiente: ¿Le traigo otros más grandes del mismo modelo?
Señora: Ah sí, 8 _____
Dependiente: Pues, ¿va usted a quedarse con éstos?
Señora: 9 _____
Dependiente: ¿Se le ofrece otra cosa (algo más)?
Señora: No, gracias, ¿Cuánto cuestan?
Dependiente: 10 _____

21

Dialogue 2

Maria telephones a friend's house. The servant who is hard of hearing answers the call. Complete the conversation. Do not simply write *sí* or *no*.

María: Dígame, ¿1 _____ ?
Criada: Habla Esmeralda.
María: 2 _____ con Elena por favor.
Criada: ¿3 _____ ?
María: De María (Habla María)
Criada: ¿Quíen, quíen habla? Repita, por favor. 4 _____
María: María, por favor llámeme a Elena.
Criada: Ah sí 5 _____
María: O.K., espero.
Criada: [*a Elena*] Señorita, 6 _____
Elena: [*a la criada*] 7 _____
Elena: [*por teléfono*] Hola María ¿Qué tal?
María: Regular.
Elena: ¿Quieres ir conmigo al cine?
María: Claro, ¡qué bueno! ¿8 _____ ?
Elena: A las seis.
María: ¿9 _____ ?
Elena: Enfrente de la iglesia de ..... alo alo, ¿qué pasa?
María: Alo, Elena ¿me oyes?, ¿qué pasó?
Elena: 10 _____ pero ahora está bien.
María: Estos teléfonos con las lluvias siempre se dañan/nunca funcionan.
Elena: Adiós María, hasta pronto, nos vemos.

Dialogue 3

Two friends, Andrés and Julián, have been studying for examinations. They are very tired and decide to do something else. Do not simply write *sí* or *no*.

Andrés: Hace más de tres horas que estudiamos.
Julián: 1 _____
Andrés: Yo también, ya me cansé de todo.
Julián: 2 _____
Andrés: Buena idea, me gustaría ir, pero no tengo ni un centavo. ¿Tú tienes dinero?
Julián: (No te preocupes) tengo 3 _____.
Andrés: ¿Tú pagas? muchas gracias. ¿qué pasará esta noche en el "Tropical"?
Julián: Hay una de Paul Newman. ¿Qué te parece?
Andrés: 4 _____
Julián: Podemos ir a pie. No está tan lejos.
Andrés: Si vamos a pie 5 _____ Ya son las siete, sólo tenemos veinte minutos para llegar.
Andrés: 6 _____
Andrés y
Julián: ¡TAXI, TAXI!
Taxista: ¿7 _____?
Julián: 8 _____
(*unos minutos después*)
Taxista: Aquí estamos.
(*Julián y Andrés van a la taquilla*)
Julián: 9 _____
Taquillera: Aquí los tiene. Son a veinte pesos cada una.
Julián: 10 _____
Taquillera: Gracias, tenga usted el vuelto[1], diez pesos.

1 *also* la vuelta

23

Dialogue 4

A bus load of tourists stops at one of the famous markets in Mexico City. Complete the conversation. Do not use simply *sí* or *no*.

    Guía: Estamos en el gran mercado de Zócalo. Aquí se vende de todo, recuerdos, comestibles, ropa ..... de todo
    Julio: ¿1 _____?
    Guía: Solamente media hora, señor. Salimos a las cuatro en punto.
    Antonio: Vamos a entrar por esa puerta.
    Julio: 2 ¿_____?
    Antonio: Unos regalitos para la familia.
    Señora: Buenas tardes, señores, ¿qué desean Vds?
    Antonio: Aquel bolso 3 ¿_____?
    Señora: Trescientos pesos, es de cuero de mejor calidad y éste a trescientos ochenta pesos.
    Antonio: 4 ¿_____?
    Julio: Es bonito, cómpralo si te gusta.
    Antonio: Bueno, me quedaré (me quedo) con éste. Creo que también le gustará a mi esposa, y tú, Julio, ¿no vas a comprar nada?
    Julio: No, 5 _____
    Antonio: ¿Cuándo los compraste?
    Julio: Ayer
    Antonio: Entonces vamos porque quiero conseguir algo para mis hijos.
(Van a varios puestos en el mercado)
    Julio: ¿6 _____?
    Antonio: Vamos a ver ..... dos para mi esposa, uno para Elena, Carlitos, Pedro y Ana ..... son seis.
    Julio: Es hora de regresar. Mira, ¡qué frutas hermosas! ¿Vamos a comprar unas?
    Antonio: ¿7 _____?
    Julio: Sí, nos faltan cinco minutos.
    Antonio: ¿8 _____?
    Señor: Las naranjas se venden por docena.
    Antonio: 9 _____
    Señora: Tenga vd tres ..... seis ..... nueve ..... una docena. Son once pesos, señor. ¿10 _____?
    Julio: No gracias, señora. Adiós, ahora vamos.

Dialogue 5

Complete the following conversation which takes place in a grocery shop. Do not simply write *sí* or *no*.

Vendedor: Buenos días, señora ¿Qué 1 _____?
Señora: Buenos días, señor, ¿hay huevos frescos hoy? Los de la semana pasada (la última vez) no estaban buenos.
Vendedor: 2 _____. Estos son muy frescos. ¿Cuántos necesita hoy?
Señora: 3 _____ 4 ¿_____?
Vendedor: A siete bolívares la docena.
Señora: 5 _____
Vendedor: No, sí más bien están baratos ¿6 _____?
Señora: A ver ..... ah sí, un kilo de patatas, un kilo de azúcar, un kilo de cebollas y dos kilos de frijoles. Es todo.
¿7 _____?
Vendedor: Veinticinco bolívares.
Señora: ¡Dios mío! Los precios han subido, tenga 30 bolívares.
Vendedor: Aquí 8 _____
Señora: Gracias, señor.
Vendedor: 9 _____
Señora: No podré venir porque vamos de vacaciones la semana próxima.
Vendedor: ¿Con su familia? 10 ¡_____!

Dialogue 6

Two business associates meet by chance and decide to have a drink and lunch together. Complete the dialogue. Do not simply write *sí* or *no*.

Señor Moreno: Hola, Miguel, ¡qué suerte encontrarte aquí! Tengo mucho que hablar contigo.

Don Miguel: ¿Qué tal, hombre? Vámonos a tomar una copa en "Gino".

Señor Moreno: 1 _____. Después te invito a almorzar.

(*En el Restaurante*)

Mozo 1: Buenos días, señores.

(*Se sientan a la mesa*)

Señor Moreno: 2 _____, por favor.

Mozo 1: ¿3 _____?

Miguel: Un biftec con arroz y ensalada para mí y arroz con pollo para el señor.

Mozo: ¿4 _____?

Señor Moreno: Gracias, vino tinto, por favor.

(*Les trae la comida*)

Mozo: Buen apetito, señores.

Moreno: ¡Qué horror!

Don Miguel: ¿5 _____?

Sn Moreno: Hay una mosca en mi plato.

Don Miguel: 6 _____

Sn Moreno: Camarero, camarero. No puedo comer esto, hay una mosca.

Mozo: Lo siento, ¿7 _____?

Sn Moreno: Gracias.

Mozo: ¿8 _____?

Sn Moreno: Dos helados por favor y después 9 _____.

Mozo: Sí, señor.

Sn Moreno: ¿10 _____?

Mozo: No, señor. Lo siento pero no aceptamos cheques.

Sn Moreno: (*enojado*) ¡Cómo! ¿Cómo? No sabe usted, señor, que soy el jefe del Banco Nacional.

Dialogue 7

Paul waits at a pre-arranged point for his friend Ana outside the Stadium in Kingston. Jamaica is playing Cuba at football. The match starts at 4:00 p.m. It is now 4:10. Complete the conversation. Do not simply write *sí* or *no*.

Pablo: ¿1 _____?
Ana: Lo siento, no es culpa mía, tenía que esperar mucho tiempo hasta que llegase el bus (la llegada del bus). ¿2 _____?
Pablo: Sí, claro, acaba de empezar.
Ana: Hombre, hace unos pocos minutos solamente. ¿3 _____?
Pablo: Todavía no, no podía meterme en la cola porque tenía que esperarte aquí, ¿verdad?
Ana: ¡4 _____! Tardaremos mucho tiempo en llegar a la taquilla.

(*Después de 10 minutos al fin llegan a la taquilla*)
Pablo: 5 _____
Taquillera: Son dos dólares. Aquí están.
Pablo: ¡Mucha gente! Casi no hay paso. 6 _____. No quiero que te me pierdas en esta muchedumbre.
Espectadores: G-O- O–L. GOL (*aplausos tremendos*)
Ana: ¿Qué pasó? No pude ver. ¿7 _____? ¿Pablo?
Pablo: ¿Qué sé yo? No puedo ver a quién fue. Vamos allá, hay unos asientos libres. La gente ya vuelve a sentarse.
Ana: Los de la camiseta verdinegra, ¿8 _____?
Pablo: ¿No lo sabes? Son del equipo jamaicano. Me han dicho que tenemos dos goles y los cubanos uno.
Ana: Son casi iguales en potencia ¿verdad?
Pablo: Sí, los dos equipos juegan con mucha destreza. Sí, son muy buenos futbolistas. Ojalá que hubiéramos venido a tiempo.
Ana: ¿Qué hora tienes? ¿Cuánto tiempo falta?
Pablo: No sé ..... El árbitro está mirando su reloj. No falta 9 _____. Ole, el pito ..... 10 _____
Ana: ¡Ay qué bien!
Pablo: Vamos a celebrar.

Dialogue 8

Two Trinidadian students in Caracas want to send post cards and a telegram home. They ask for directions to the Post Office. Complete the dialogue. Do not simply write *sí* or *no*.

Pablo y Enrique: ¿1 _____?
Señor: ¿El correo? Siga directo, después doble la esquina y enfrente de la iglesia lo hallará.
Pablo y Enrique: Muchas gracias.
Señor: 2 _____
(*En el Correo*)
Empleado: Buenos días, señor.
Pablo: Buenos diás. ¿Cuánto es el franqueo de una tarjeta postal a Trinidad?
Empleado: ¿3 _____?
Pablo: Correo aéreo, ¿4 _____?
Empleado: Cuatro días, cuesta 80 centavos.
(*Enrique se presenta a la taquilla para enviar su telegrama*)
Enrique: 5 _____
Empleado: Aquí no, tiene que pasar a la otra taquilla. Aquí sólo se aceptan cartas.
Enrique: Bueno, quiero enviar un telegrama a Trinidad. ¿6 _____?
Empleado: Treinta centavos.
Enrique: Aquí está, ya lo tengo escrito.
Empleado: 7 _____
Enrique: ¿Dónde tengo que firmar?
Empleado: Aquí, señor, debajo de la dirección.
Pablo: ¿8 _____?
Enrique: A papá.
Pablo: ¿Para qué?
Enrique: 9 _____. Estoy limpio de plata.
Pablo: 10 _____. ¿Sabes dónde está el buzón?

Dialogue 9

Two friends enter a hotel in Mexico City. They approach the receptionist. Complete the dialogue. Do not simply write *sí* or *no*.

Recepcionista: Buenos días, señores, ¿en qué puedo servirles?
Manuel: 1 _____
Recepcionista: ¿Con baño o sin baño?
Antonio: 2 _____
Recepcionista: Noventa pesos, con comidas cuesta ciento y treinta pesos por persona. ¿3 _____?
Manuel y Antonio: Solamente cinco días.
Manuel: ¿4 _____?
Recepcionista: Con mucho gusto; vamos a tomar el ascensor hasta el tercer piso.
Manuel: ¿Dónde está el cuarto de baño? Necesito bañarme pronto, aunque hace bastante frío ahora.
Recepcionista: No se preocupe, tenemos 5 _____
Antonio: ¿No te gusta el cuarto? Para mí está bien.
Manuel: Sí, 6 _____
Antonio: Nos quedamos con este cuarto. ¿Nuestro equipaje ....? quiero cambiarme de ropa en seguida.
Recepcionista: 7 _____
Antonio: Gracias, señor, que lo suba pronto.
(Unos minutos después)
Antonio: ¿Salimos esta noche?
Manuel: 8 _____
Antonio: Claro, un paseo será bueno, volvemos a eso de las once para acostarnos. Pero no debiéramos ir demasiado lejos. Mañana podremos ir al centro.

(*al día siguiente*)
Antonio: El recepcionista me dio un mapa de la ciudad pero no lo comprendo.
Manuel: 9 _____
Antonio: ¿Cómo podemos viajar al centro?
Camarero: Se puede viajar en el metro o en autobús.
Antonio: 10 ¿_____?
Camarero: Bueno, sigan Vds esta calle ye al doblar la esquina a la izquierda verán "AZTECA", la estación del metro.

Dialogue 10

Julio and his friend Rodrigo discuss the pros and cons of town and country life. Complete the conversation. Do not simply write *sí* or *no*.

Julio: Hola Rodrigo, ¿qué tal?
Rodrigo: 1 _____
Julio: ¿Cómo? No estás contento, ¿por qué?
Rodrigo: No me gusta la vida en la ciudad, quiero mudarme al campo.
Julio: ¿Por qué? ¿2 _____?
Rodrigo: Claro que sí es más tranquila. En la ciudad hay ruido, congestión de tráfico, contaminación atmosférica, superpoblación, violencia y crimenes.
Julio: 3 ¿_____?
Rodrigo: Sí mejor. En la ciudad la vida está en contra de mi persona.
Julio: No te das cuenta de que es difícil encontrar trabajo en el campo? La majoría de la gente está sin empleo. El desempleo es un problema crítico.
Rodrigo: 4 _____. De todos modos prefiero el campo.
Julio: Debe importarte porque sin trabajo no puedes sobrevivir.
Rodrigo: Sí yo puedo. Hay árboles frutales. Es fácil 5 _____
Julio: ¡Eres tonto! Árboles frutales, ¿eh? No son suficientes, amigo.
Rodrigo: Mi padre 6 _____
Julio: Ah, ahora entiendo, si tu padre es agricultor tú puedes ayudarle y tendrás bastante para comer.
¿7 _____?
Rodrigo: Pues, doy de comer a los cerdos, caballos, les ordeño a las vacas, planto las semillas etc.
Julio: ¿8 _____?
Rodrigo: No es duro. Estoy acostumbrado.
Julio: ¿9 _____?
Rodrigo: Sí, toda mi vida salvo cuando 10 _____ la ciudad a trabajar.

Cloze Tests

Read the passages carefully and then write in the spaces the words and/or phrases which in your opinion will complete the sense of the passages.

1

Paco 1 _____ la llave en la cerradura procurando no hacer ruido. La abuela tenía el sueño ligero y no la quería 2 _____. Por eso en la portería se 3 _____ quitado las sandalias y se detuvo en el recibidor al ver la habitación de Ortega 4 _____ con la pequeña lámpara. Imposible 5 _____ por allí sin 6 _____ visto por él. Con las sandalias en la mano Paco 7 _____ por el pasillo y se detuvo 8 _____ la puerta 9 _____ atreverse a entrar. El profesor 10 _____ inclinado sobre la mesa 11 _____ un pitillo colgado indiferentemente en los 12 _____.

2

Máximo 1 _____ del autobús y miró 2 _____ alrededor. 3 _____ la maleta en el suelo y se secó el sudor de la frente. Hacía 4 _____ terrible y pensó con deleite en el agua fresca de la piscina.
"Era raro que Magda no 5 _____ salido a esperarle. 6 _____ se haya ido–" pensó él.
   Pero dentro de quince minutos surgió una chica 7 _____ que tímidamente se aproximó 8 _____.
– Hola, Magda. ¿Cómo estás?
   Magda sonrió. 9 _____ los dos dientes muy grandes y muy parecidos a "Bugs Bunny".
– Cuéntame, conejito, No has 10 _____ con tu padre esta mañana a la fábrica.
Ella 11 _____ con la cabeza.
– Papá está en la cama, está 12 _____.

Cloze tests continue over

3

Muchas veces, al mirar 1 _____ de los pájaros, los hombres han deseado volar. Y como no tienen alas, siempre querían inventar 2 _____ que pudiera flotar en el aire y 3 _____ con pasajeros de un sitio 4 _____ .

Lo primero que inventaron para volar 5 _____ los globos, unos globos enormes que llevaban colgada una especie de canastilla muy grande. En 6 _____ iban los audaces viajeros.

Los globos 7 _____ porque estaban llenos de un gas que pesaba menos 8 _____ el aire, como los globos con que nosotros jugamos.

Aquellos globos gigantes se sujetaban al suelo con cuerdas. Cuando el viajero daba la señal 9 _____ las cuerdas y el globo se elevaba. El viajero llevaba piedras, y si quería subir él las arrojaba. Así, como pesaba menos, el globo 10 _____ subiendo. Cuando quería bajar dejaba escapar un poco de gas, y el globo bajaba al suelo.

4

Al abrir la puerta de su barraca, Pablo 1 _____ un papel en el ojo de la cerradura .....

Era un anónimo con amenazas. Le pedían cuarenta duros y debía dejarlos aquella noche en el horno que tenía frente a su barraca.

Todo el distrito estaba aterrado 2 _____ aquellos bandidos. Si alquien se negaba a 3 _____ tales demandas, sus campos aparecían talados, las cosechas perdidas, y hasta podía despertar a media noche sin tiempo apenas para 4 _____ su barraca en llamas, con tiempo para salvar la vida y la de su mujer y sus chiquillos.

A pesar de esto, Pablo no pensaba acudir a la policía ¿Para qué? Nunca han hecho 5 _____ .

Lo cierto que le pedían cuarenta duros, y si no los dejaba en el horno le 6 _____ fuego a su barraca.

Él era un hombre pacífico, toda la huerta podía responder por él. Pero 7 _____ querían robarle, sabría defenderse. ¡Cristo!, este hombre calmoso[1] 8 _____ furioso con una determinación salvaje.

Como se aproximaba la noche y nada había ocurrido, fue a pedir consejo al viejo de la barraca inmediata.

Le escuchó el viejo con los ojos fijos. Hacía bien en no 9 _____ el dinero. La firme tranquilidad del viejo contagiaba a Pablo.

El viejo, con tanta solemnidad, como si 10 _____ una reliquia, sacó de detrás de la puerta una escopeta.

---

1 *or* calmudo

5

Nicolás Mangana era un campesino pobre pero ahorrativo. Su mayor ilusión era 1 _____ dinero para 2 _____ unos puercos y dedicarse a engordarlos.

– No hay manera más fácil de 3 _____ rico 4 _____ decía. Los puercos están comiendo y el dueño no hace más que mirarlos.

5 _____ un libro que decía cuales son los alimentos que deben 6 _____ los puercos para engordar más pronto, y leía el libro 7 _____ las tardes.

Después de muchos meses de sacrificio, Nicolás llegó a ser el dueño de mil pesos. Dijo a su familia:—

– No somos ricos ya, pero con estos mil pesos voy a la feria de San Antonio, y voy a comprar puercos ..... los vamos a poner en el corral, los vamos a engordar, vender, comprar más y así seguir hasta que 9 _____ de veras ricos.

Su mujer y sus hijos 10 _____ muy contentos al oír esto.

El día de San Antonio, Nicolás 11 _____ muy temprano, metió las mil pesos en su bolsillo y se puso en marcha.

Había gente que 12 _____ por el camino rumbo a la feria.

Entre toda aquella gente estaba un hombre que iba 13 _____ en un caballo blanco. Nicolás 14 _____ miró lleno de envidia.

– Este hombre, un campesino como yo y parece un rey. Yo quisiera un caballo también.

Se acercó al hombre y 15 _____ a platicar con 16 _____

– ¡Qué bonito caballo! – dijo Nicolás

– Lo vendo contestó el otro.

¿17 _____?

– Mil pesos – respondió el hombre

Nicolás 18 _____ el dinero, compró el caballo y 19 _____ a su casa montado y muy contento.

Les dijo a su mujer y a sus hijos:

– No 20 _____ ricos, ni vamos a serlo, pero ya tenemos caballo blanco.

33

6

Guayaquil es una ciudad histórica, el punto de reunión de dos libertadores sudamericanos: Simón Bolívar de Venezuela, y el argentino José de San Martin.

En la calle principal de Guayaquil hay una tienda donde 1 _____ un surtido completo de artículos 2 _____ hombres.

Yo 3 _____ comprarme un sombrero de Panamá que no 4 _____ muy caro – dice Jimmy.

– Aquí en Guayaquil 5 _____ hay y muy buenos – le contesta Norberto – Pero se llaman de Jipijapa, nombre de la población donde los fabrican.

– Vea esos modelos en 6 _____ – dice Palito – El de la izquierda es el sombrero de Jipijapa 7 _____ bonito 8 _____ yo 9 _____ visto en mi vida.

10 _____ que vea un sombrero así se enamora de él ¿no les parece?

Entran en la tienda. Un dependiente 11 _____ a ellos – ¿En qué 12 _____ ? – dice éste.

– Quiero probarme 13 _____ de sus sombreros de Jipijapa – le contesta Jimmy – Yo uso el número siete.

– Haré 14 _____ me sea posible por complacerle, señor. Aquí tiene usted estos modelos.

¿y a cómo 15 _____ estos sombreros? – pregunta Norberto.

– Hay de todos los precios. Les haré a ustedes un precio especial. Es una verdadera ganga.

7

Carlota le acompañó hasta la estación. Se mantenía seria, erguida, silenciosa.

1 _____ que me escribas de todo lo que ocurra – le dijo Máximo.

– 2 _____ – contestó Carlota.

– 3 _____ escribirme todas las semanas y decirme las cosas claramente, ¿4 _____ oyes bien?

– Sí –

– Deseo saber si vendéis los cuadros, si tenéis dinero suficiente. Ella volvió sus grandes ojos 5 _____ él.

¿Por qué no se marcha Magda contigo?

¿Venirse 6 _____ ? – Él trataba de dejar – fingir sorpresa. – Claro que no. Magda no desea dejar a sus niños a solas.

Máximo se daba cuenta 7 _____ no había convicción en 8 _____ palabras. Sabía que Carlota estaba al corriente de todo.

No hablaron 9 _____ más. Se despidieron con un fuerte abrazo.

Carlota 10 _____ los ojos júmedos y la expresión sombría. Desde la ventanilla del tren Máximo insistió de nuevo.

– ¡ No dejes de escribirme!

Ella afirmó con la 11 _____.

8

Saru Argentu conocido por Tarara fue introducido en la sala del Tribunal.

Alguna mujer vestida de negro se puso a llorar 1 _____ al reo. Éste, en cambio, mirando desde la jaula 2 _____ sonriendo y hacía a sus amigos y compañeros de trabajo una 3 _____ de reconocimiento con cierta complacencia. Porque para él era casi una fiesta . . . . . Era pobre – tanto que no 4 _____ pagarse un abogado, y le asignaron uno de oficio.

Después de las primeras formalidades, el juez invitó al reo a ponerse de pie.

– ¿Cómo se llama?

– Tamara.

– Ese es un 5 _____. ¿Su nombre?

Ah sí, señor Argentu, Saru Argentu, excelencia. Pero todos me 6 _____ por Tarara.

– Bien, ¿Cuántos años tiene?

– No sé, excelencia.

– ¿Cómo que no sabe?

Tarara 7 _____ de hombros.

– Vivo en el campo, excelencia, ¿Quién se va a poner a pensar . . . . . ?

Todos se rieron. El juez miró los papeles que 8 _____ delante.

– Usted nació en 1873. Tiene pues treinta y nueve años. 9¿_____?

Tarara abrió los brazos.

– Como usted ordene, excelencia.

– Siéntese. Ahora leerá el señor canciller el acta de acusación.

Terminada 10 _____ del acta de acusación, el juez dijo:

– Reo Argentu, ¿ha oído de qué se le acusa?

Tarara con su sonrisa habitual respondió:

– A decir verdad, excelencia, no 11 _____ atención.

– Se le acusa de haber asesinado, de un hachazo a Rosario Femminella, su esposa. ¿Qué tiene que decir en su disculpa?

– Mire, excelencia . . . . . Sí, yo 12 _____ a mi mujer; sí, excelencia, ¡lo hice de veras porque no podía hacer otra cosa!

9

Se había puesto 1 _____ leer un periódico sin prestar la menor 2 _____ a lo que 3 _____ a su alrededor. Era un hombre bien vestido, aliñado y un poco mayor de edad 4 _____ yo. Después del primer momento no volví a acordarme de él y así transcurrió el tiempo 5 _____ llegó a mi mesa un vendedor de billetes de lotería. Al darme cuenta de su presencia inmediatamente yo 6 _____ la cara hacia otro lado para no mirarlo. Yo estaba seguro que así acabaría 7 _____ marcharse. Sin embargo, el vendedor parecía tener otras ideas.
– Este es bueno, señor,– me dijo pasándome los billetes–. Por favor, 8 _____ uno.
– No 9 _____, contesté.
– No desperdície la suerte.
 Lo miré por 10 _____ vez. Era un muchachón grande y fuerte.
– No, ya le 11 _____ que 12 _____, – le repetí moviendo la cabeza.

10

– Si quieres, puedes 1 _____ un vaso de vino– dijo la muchacha.
 Él 2 _____ la invitación pero 3 _____ ver que la muchacha no se servía le dijo con su mejor tono de voz.
– Usted también 4 _____ beber un vaso . . . . . acompañarme.
 Ella se encogió 5 _____. ¿Por qué no?
 6 _____ el vino en dos vasos de cristal.
– 7 _____, –dijo la muchacha.
 Ambos chocaron las copas, luego bebieron el vino mirándose el uno a la otra un tanto confundidos al saberse solos.
– Aquí la fiesta ha debido ser linda – comentó el joven después de 8 _____ embarazoso 9 _____ una mirada por todos los rincones.
 Ella no repuso nada. Tomó la botella y sirvió otra porción de licor. Ella vació todo 10 _____ de su vaso.

11

Dentro del rico folklore de los indios pueblos de Nuevo México
1 _____ una historia que refiere como un "poderoso jefe" derrotó, solo, a un ejército de "hombres blancos", que invadieron su 2 _____ en los tiempos de sus antepasados. El jefe en cuestión obligó a los invasores que 3 _____ al lugar de donde habían venido. En este acto heroico el jefe 4 _____ su vida para salvar a su pueblo.

¿Fantasia? No por cierto, pues que tal persona 5 _____ es un hecho histórico. ¿Quién 6 _____ este hombre que de manera 7 _____ indeleble dejó estampada su imagen entre los suyos? 8 _____ trataba de un esclavo que no poseía siquiera su cuerpo. Sin 9 _____, al momento de su muerte en 1541 había 10 _____ a cabo una de las hazañas más notables de la historia.

12

Las 1 _____ militares de la Argentina y la Gran Bretaña mantenían las mismas posiciones que 2 _____ al principio de la semana.

La Junta Militar Argentina que encabeza el general Leopoldo Galtieri había 3 _____ pocos días 4 _____, que "para evitar una matanza en las Malvinas aceptaría retirar sus tropas del archipiélago. También dijeron que estaban 5 _____ a aceptar una administración de las Naciones Unidas con observadores de ambos países durante las negociaciones 6 _____ la soberanía sobre las Malvinas. Sin embargo los diplomáticos extranjeros 7 _____ que las puertas a las negociaciones ya se quedaban cerradas.

Margaret Thatcher, Primera 8 _____ de la Gran Bretaña declaró 9 _____ conocer la declaración argentina que ella había agotado todos 10 _____ recursos para evitar la batalla final.

Prose Passages

Translate the following prose passages into SPANISH.

1

The room was still dark, and Mrs Morrison could barely make out her son curled up in the middle of his bed. She marched over to him and shook him gently. No wonder he had not heard her: the pillow and the blanket covered his head and he was lying on his stomach. She pulled the blanket off him and woke him.

"It's time to get up, Sprat."

"O-o-oh!" he mumbled and disappeared again beneath the blanket.

"Sprat, today is Saturday. Don't you remember?" Finally, Sprat, still sleepy, sat up.

"What's the matter, Mom?" he said yawning. "It's still night. What have you got up for?"

"We're going to the sea, silly. How could you forget?"

2

It was eight o'clock in the morning, and the sun was hot. Selina and her friend Helen ran through the school gates.

"Look, Helen," said Selina. "All the other children have come early too."

"That's true," Helen replied. "I hope they've brought their food with them."

All the children in Selina's class had brought food, for they were going out in a bus for the day. Their parents had all paid to hire the bus.

Mr. Simon, their teacher, was waiting near the office. "Good morning, Selina," he said. "Good morning, Helen."

"Good morning, Mr. Simon," they replied.

Soon a big green bus turned into the school gates. It stopped outside the office. Mr. Simon called the children, took roll call and then they all climbed into the bus which then started up immediately.

3

I got the telegram on Friday. The Post Office Department was offering me a job, but I would have to go to Montego Bay.

"But it is so far away," said my mother. "Sam, do you think we should allow her to go?"

My father and mother had a long discussion. Everyone in the family had something to say. In the end we all decided that I could go and that I could stay with my uncle and aunt who would take care of me.

I had to leave the following Sunday by train. On Saturday, I packed my suitcase and prepared myself for the journey. The entire family accompanied me to the railway station; we arrived at 7:30 a.m. Already there was a short queue in front of the ticket office. Karl, my brother bought my ticket – first class.

We waited in the waiting room. I was nervous; I kept walking to and fro. I wanted to go out to the platform but the guard would not open the gate.

Soon it was time to leave, and I kissed everyone. Fortunately, I found a seat by the window. I said good-bye to everyone and started to cry as the train pulled out of the station.

4

The serenade is a very romantic custom, a beautiful tradition that still lives in Spanish-speaking countries. Girls like to be awakened at midnight in order to hear the music of the serenade. Boys are thrilled when they play the guitar and sing, knowing that they are bringing happiness and a touch of romance to a girl.

Sometimes a group takes a serenade to the house of a friend in order to greet her. At other times they do so to welcome someone who is visiting the town.

In Trinidad, Spanish traditions are surprisingly strong in spite of the fact that English is the language of the country. Spanish colonialism ended in 1808 and except for a brief period under the French, the island has been under British domination until 1962, the year of independence.

In Trinidad, the carnival – a very Spanish Catholic festival – is famous throughout the world. However, much less known is "parang", a charming custom which seems to be a blend of the "Serenata" and another custom of Spanish origin in which groups of people go about singing carols and Christmas songs at the homes of friends and acquaintances.

"Parang" is an all-night session of serenading and merrymaking with cuatros, violins, mandolins and sometimes a flute. In areas such as Arima, Santa Cruz, Sangre Grande where the Spanish culture survives, "parang" is still practised. The songs are in Spanish although most of the singers understand very little of what they are singing (saying).

5

He crept out of the hut. It was only five o'clock, but already the sun had begun to dry the night dew off the grass. He rubbed his eyes, taking time to get accustomed to the glare of the sun. His father was not a wealthy man and he could not afford to stay in bed. Rannie would want to milk the cow, and walk about the village with the milk-can balanced on her head, selling milk even before she prepared breakfast for her husband and son.

Even as he stood there he heard his mother say in surprise, behind him, "Sunil, you're up early!"

"I wanted to help you milk the cow, Mother."

"Thank you very much. Your father is still sleeping. I allowed him to sleep a little longer because as it is crop time he has a hard day ahead. Come and let's go."

She sighed to see how quickly he dashed behind the hut. He wasn't so quick when he was going to school!

6

In Jamaica, two earthquakes stand out because of their severity and the destruction that they caused. That of June 7, 1692 – often called the "Port Royal Earthquake", is said to have been the most severe earthquake that has ever occurred in Jamaica since the Spanish occupation.

The town was almost completely destroyed and over eighty percent of the area sank into the sea. Port Royal was the principal town at that time – a city made rich by the treasure brought in by pirates who had made it their headquarters. Many people believed that God had destroyed the town because it was "the wickedest city in the world".

Another earthquake, that of January 14, 1907, was also significant and resulted in considerable damage to the city of Kingston. The quake was followed by a large fire which razed the centre of the city destroying some famous buildings, for example, the original Ward Theatre. Happily, this has been re-built, but the beauty of the original structure has been lost for ever.

7

I didn't sleep all that night, and twice I had to get up and move Santos away from the fire after he had wormed his way too close to it. Very early in the morning we made a stretcher for Tonic, and while we carried him Santos walked ahead of us meekly. He didn't give any trouble for the whole day except that he refused to eat anything, but at sundown he became violent again and we had to tie him up. It took us a whole day to cross the swamp. The fever left Tonic and he refused to let us carry him in the stretcher any longer.

"I feel fine," he said to me. "You got a proper healing hand." We rested until the sun cooled, but when we started out again Santos collapsed. I sat beside him all night while he raved and shouted. And while Bullah and Tonic slept through it all, I wondered what had brought this madness on him so suddenly. I remembered him when he came to fetch me from Mahaica. And I knew that it was a cursed day when his eye had lighted on the first diamond. His small dreams were not enough.

8

On my return to the hotel I asked for my mail and went up to my room. My heart skipped a beat as I recognised Anna's handwriting. She had not written to me for two months and I had begun to wonder what had become of her. My hands trembled as I opened the letter.

The first words confirmed my worst fears, "I am sorry not to have written before, but my father died two weeks ago under very tragic circumstances".

I could no longer read the words. Tears filled my eyes. Why hadn't she called me?

I ran downstairs to the telephone booth. The shrill voice of the telephone operator jarred my nerves but I managed to answer calmly. "I would like to make a long distance call to Buenos Aires, please. No. 46-28-31."

"Very well, Sir," was the reply.

I waited impatiently. The phone rang. I heard the busy signal. I told the operator that I would try again in ten minutes. Those ten minutes seemed interminable but finally I heard the voice that I longed to hear.

"Hello."

"Hello, Anna. It's Frederico ...... "

9

Caracas is so full of interest that I could scarcely make up my mind to leave the city for a few hours in order to visit the surroundings. Perhaps what impressed me most was the tall buildings, wide streets and luxurious American cars. As I was born in a small country town in Tobago everything was a new experience to me. Before my departure from Tobago my Spanish teacher begged me not to fail to visit the "Casa de Bolívar" and the art gallery where one can see the famous paintings of Venezuelan artists. I had promised to do what he asked me, and I didn't want to break my word to him. Besides, after visiting these places I could understand why he was so anxious for me to go there.

Venezuelans are very proud of their national hero, Simon Bolívar, their liberator. It is a pity, however, that his dream of creating a united country in the continent of South America has not been realised. I tried to find out as much as I could about him during my stay in Caracas because I wanted to understand fully how he had managed to capture the admiration and imagination of so many people.

10

The birds flew to the tree and began to feed, but Brother Anansi kept pushing them out of the way. One of the blue birds had just begun to eat a "dokanoo"[1] when Anansi pushed him aside, saying, "You can't do that, I saw it first." The birds were all angry at this and they said, "If we had

41

known that it was going to be like this we would have left you where you were."

"And since you are so selfish, give me back my feather," said one of the blue birds that he had pushed aside.

"Feather!" cried Anansi. "What is a feather? A dokanoo is what I want. You can't eat feathers."

On hearing this, all the birds pounced upon Anansi and every one pulled out the feather it had given him. Then they flew away from the tree, leaving Anansi on the branch of the tree with his mouth full of dokanoo.

Evening came, and Anansi could not eat any more. He filled his bag and climbed down from the tree. He neither had feathers, nor wings any longer. The birds had gone. What was he to do?

1 (a) A type of cornmeal cake cooked in banana leaf
    (b) "Paimi" in Trinidad

11

There is nothing that I like more than to go to the market in Diego Martin. Markets are always gay, colourful, noisy and smelly places. A wide variety of classes mix in the market and that makes it even more interesting to observe.

My favourite vendor is Daisy. She is fat and good-natured and always has a cheerful smile. On Saturdays her twelve-year-old daughter comes to help her in the stall.

I listen with interest to the people bargaining over the prices of the vegetables, fruits, fresh eggs and meat.

"Come here, lady, a dozen ripe bananas for $2.00," shouts a woman dressed in a red dress.

"Let me see that bunch," replies a well-dressed customer, "but it's only worth $1.00."

"O.K. lady, $1.50 and you can take them."

12

Mary and I have been on our Summer holidays for almost five weeks now. Nothing much has happened so far, but we have planned to do all sorts of things when we go down to Westmoreland to spend the time with Aunt Maud, who is our father's sister.

Aunt Maud is our favourite aunt. She has always been more than an aunt to us. In fact, sometimes we think of her as a big sister. The things we remember most of all about her are her piercing eyes, her good humour, her tall, thin body and her fantastic energy and courage.

When I got up this morning, I overheard my father saying to my mother: "Yes, I know, Carmen, my love, holidays are for children, but I don't think we should send Joe and Mary to the country at all."

Letters

Advice on Letter-Writing

Letter-writing, like the Essay on general topics and the Picture Composition, is an exercise in free composition. Letter-writing is one of the means of establishing social contact and as such is not very remote from the students' day-to-day experiences. As an exercise therefore it is important that students be asked to write on subjects that fall within their normal experiences. Whatever purpose the correspondence may have, students should be taught how to express themselves formally and informally through letters.

First and foremost, students must be aware of the conventions of letter-writing, namely the address of the person writing in the right-hand column, the date and then the introductory greeting with the appropriate closing formula. Letter-writing in Spanish is very formal and abounds in complimentary and old-fashioned expressions. Although these are out-dated in normal exchanges they are retained in letters.

We have listed a few suggestions for opening greetings and closing formulae. The list is by no means exhaustive and in their reading the students will be able to increase their options.

However, we cannot overemphasize the importance of students being aware of the relationship between the corresponding parties for that will determine whether *tú* (informal) or *usted* (formal) should be used and this naturally will affect the tone and style of the letter. Spanish-speaking people are very sensitive to this distinction and our students should be also.

There are also certain differences between the English and Spanish way of writing letters with respect to the formulae. For example:

1 The address is not written in full. The writer gives his city or town followed by the date. Eg. *Lima, 6 de julio de 1981.*
2 Initials are hardly used, the name is written out in full on the envelope.
3 Streets are either *calle*, *avenida*, *Plaza*. There are no equivalents for our 'Way', 'Close', 'Circle', 'Mews', etc.
4 Spanish people are much more familiar. The expression *un abrazo* is a normal ending for a friendly letter and in English this will connote much more familiarity between the parties than it would in Spanish.

Practice in letter-writing should be encouraged by the establishment of pen-pal correspondence with students of the same age groups from Spanish-speaking countries.

Success in letter-writing depends on the writer successfully imagining the presence of the person to whom the letter is written. If the writer engages in a "written dialogue" the letter will be natural, warm and interesting to receive. Naturally, however, this holds true for informal letters rather than formal ones.

Finally, in writing letters students must be reminded that the foreign mode of expression is quite different from the mother tongue. They are not merely to translate English ideas into Spanish as they run the risk of doing so badly. Rather, they should apply previously acquired language patterns to the new situation without restricting their powers of creativity.

Ending Letters

How we end letters depends on the relationship that exists with the person to whom the letter is addressed.

For close relatives or friends

1. un abrazo de tu hijo
2. tu hija que te quiere
3. con todo el cariño de tu hermana
4. afectuosamente
5. de tu muy afecto amigo
6. es tu amigo
7. te abraza
8. te quiere y te abraza fuertemente
9. se despide afectuosamente tu amigo
10. sinceramente
11. cariñosos saludos de tu buen amigo
12. sinceros afectos de toda la familia y un fuerte abrazo
13. siempre te recuerda con cariño
14. sin más por hoy, te manda un abrazo tu amiga
15. con cariño, tu amiga .....

For formal letters
1 atentamente
2 le saluda muy atentamente
3 Saluda a Vd. con especial consideración
4 Quedo muy atento y seguro servidor (s.s)
5 Con la mayor consideración
6 Respectuosamente
7 Queda a su disposición

Longer formal endings
1 Aprovecho la oportunidad para repetirme muy atentamente
2 en espera de sus noticias, quedamos muy atentamente
3 Sin otro particular, saludamos a Vd. muy atentamente
4 Le anticipa las gracias por la atención que preste su muy atento servidor y amigo
5 esperando oír de Vd., quedamos muy atentamente (cordialmente)
6 Como siempre, quedamos muy atentamente a sus órdenes
7 en espera de sus gratas órdenes, quedamos muy atentamente
8 Me ofrezco de Vds. Suyo, atento servidor y amigo

A very formal ending
Reciba vuestra excelencia el testimonio de mi (de nuestra) más alta y distinguida consideración.

Useful expressions
acusamos el recibo – we acknowledge receipt of .....
en relación con .....
Por razones de salud
Acepten sinceramente nuestras excusas
sentimos profundamente lo ocurrido
le doy las gracias por .....
mucho agradeceré a usted el mandarme – I shall be grateful to you if you will send me
aprovechamos la oportunidad para informarle que .....

Sample Letters

José González del Valle Álvarez de la Campa
813, Colonial Drive,
Wilmington, N.C. 24801

15 de marzo de 19—

Sr. D. José Ma. González del Valle Herrero
Avenida del Generalísimo, 16
Madrid 2, España

Mi querido amigo y pariente:

Ayer recibimos su carta de fecha 25 del p.pdo. mes. Gran alegría nos produjo la noticia del viaje que tienen proyectado a los Estados Unidos. Será una magnífica oportunidad para que visiten esta ciudad de Wilmington, en Carolina del Norte, y pasen una temporada con nosotros. Tenemos la seguridad que tanto a Josefina como a Vd. les agradará mucho este pueblo. Wilmington es una ciudad muy acogedora y muy bella. Los jardines de las plantaciones Orton tienen fama en todo el país. Las playas de Wilmington son excelentes.

Precisamente, en abril, cuando Vds. piensan venir, la ciudad se cubre toda de flores y, con gran entusiasmo popular, se celebra el tradicional Festival de las Azaleas.

Esperamos que nos escriban dándonos más detalles del viaje.

Sinceros afectos de toda la familia. Cariños para su esposa.
Un fuerte abrazo de

José

Buenos Aires, 9 de agosto de 19—

Sres. Francisco Rueda y Cía
Empresa Constructora
Vicente López, 250
Buenos Aires

Señores:

En el Diario *La Nación* he leído que Udes. solicitan un Contador bilingüe: inglés-español

Me agradaría mucho trabajar con ustedes.

Soy graduado de University of North Carolina at Wilmington, especializado en Ciencias Comerciales. Hablo inglés y español y puedo leer y traducir francés y portugués.

En mucho estimaré que me concedan la oportunidad de una entrevista, tanto para mostrarles mi expediente de estudios como para someterme a una prueba o examen.

Tengo 26 años, soy casado.

Les incluyo dos cartas que acreditan mi experiencia y sirven, además, como referencias.

                                        Muy atentamente,
                                        Ramón Méndez Jorge

ANTICUARIA ANDRES BELLO
Juan Carlos Gómez, 4546
Montevideo, Uruguay

Ediciones ARS
Emmanuelli, 555
Hato Rey, PR 00917   8 de septiembre de 19—

Estimados clientes:

Gracias por vuestra carta de 28 de agosto de 19— y por vuestro interés en nuestros libros.

Tenemos el gusto de enviarles una lista detallada de nuestros precios. Concedemos el 30% de descuento por pago anticipado.

En espera de sus gratas órdenes, quedamos muy atentamente,

      LIBRERIA ANTICUARIA ANDRES BELLO
      Adolfo L. Linares
      Gerente

ALL/cg
Anexo: Lista de precios.

MENENDEZ Y FERNANDEZ, S.A.
Corredores de acciones y bonos
1050 P. de Leon Hato Rey, PR 00919

Sr. Marcos Pichardo
Box 222
Caparra Heights, P.R. 00923

4 de febrero de 19—

Estimado señor:

Acusamos recibo de su grata solicitud de empleo.

Actualmente tenemos abiertos dos posiciones: Agente Aduanal y Agente Viajero.

Por favor, envíenos una transcripción o certificación de sus estudios de educación superior.

Hemos tomado debida nota de que Vd. tiene experiencia como Corredor o Agente de Cambio y es, además, bilingüe.

Esperando hablar con Vd. en un futuro muy próximo, quedamos muy atentamente, con toda consideración,

                                            Menéndez y Fernández, S.A.
                                            Miguel Gorbea Valdes
                                            Presidente

MGV:ckm

Letter Topics

Write in SPANISH a letter of 150–160 words on the following topics. Be sure to use the tenses and format which are appropriate to the topic chosen.

1. Write a letter to the manager of a hotel expressing dissatisfaction with the service, etc. that you received. Give details.
2. Write a letter to your sister abroad giving a detailed description of your brother's wedding as she was unable to attend.
3. Write a letter to a pen friend in Spain or Mexico inviting him/her to spend the summer holidays with you. Tell him/her some of your plans for the holiday.
4. Write a letter introducing yourself to a pen-pal. Say something about your country and your activities.
5. Write a letter thanking the mother of your friend for her hospitality and describing how well you enjoyed your stay with them.
6. Write a letter explaining why you were unable to accept an invitation to your friend's party.
7. Write a letter to the proprietor of a restaurant explaining that you left some important notes at the restaurant and are requesting that he send the notes by mail to you.
8. Write a letter to a teacher whom you met requesting that she find some pen-pals for you and your friends from among her students.
9. Write a letter to the Tourist Office in Mexico, Cuba or Venezuela requesting brochures and information on their country and describing your particular interests when you visit that country.
10. Write a letter to the Ministry of Education in a Spanish-speaking country requesting information about a Summer Course for Foreign Students.
11. Write a letter to the Ministry of Education applying for a place in their special programme of summer courses for foreign students.
12. Write a letter to the Head of the School in _____ suggesting that they start an exchange programme between your class and their students.
13. Write a letter in answer to a request from a group of students in Panama to spend time in your country. Indicate that you and your fellow students are happy to host them for two weeks during the holidays.
14. Write a letter to a bookstore in Spain telling them that you have not received the magazine to which you subscribed some time ago.
15. Write a letter booking a hotel room in Mexico, telling them when you hope to arrive, how long you hope to stay, what type of accommodation and service you wish, etc.
16. Write a letter to the editor of a newspaper telling him how much you enjoyed the two week holiday in his country. You found the people friendly and hospitable. You plan to return soon with some friends.

17 Your father is on a course in Mexico. Write him a letter asking him how he is enjoying the country. Tell him about your progress. Ask him for a special souvenir of Mexico.
18 You have an annual magazine of a school in Venezuela. Write a letter to the captain of the volley ball/basket ball team inviting him/her to visit your country with the team to play a number of matches with your school. Explain how you got his/her address. Suggest that on this trip they could enjoy a holiday and practise their English at the same time.
19 Write a letter to a teacher sending her a copy of your school's annual magazine and suggest that both schools could exchange magazines every year. Tell her briefly about yourself and your class.
20 You are the manager of a hotel. Reply to a letter from a prospective visitor from Trinidad who had written asking for a reservation. Confirm the reservation. Tell him prices and services available.

Dialogue

Advice on writing dialogue

Dialogue is a very effective tool both in the teaching and learning of the foreign language as language is essentially communication between two or more persons.

The aim of the dialogue as a learning experience is to develop the student's ability to speak syntactically correct and idiomatic Spanish. The range of everyday situations in which dialogues take place should provide the students with the necessary practice in using natural and colloquial Spanish. Departure from the normal "bookish" Spanish is to be encouraged.

Students are required in the examination to write a dialogue. This is in itself an artificial exercise in that dialogues are oral exchanges. However, the student must be ever aware that he is to produce the "spoken" language although he is engaged in a writing exercise. As such, therefore, the different "registers of language" have to be taken into account as well as the degree of familiarity of the persons engaged in the conversation. As with the letter, students must learn to differentiate between the use of *tú/usted* and not to mix them in the same context e.g.

tú has venido con *su hermano*.

In terms of language, there is a great tendency to use Anglicisms because students are transferring their thoughts in English into the Spanish context. This is unacceptable. Also the lack of vocabulary naturally limits the possibilities of expression.

We find that students tend to lack practice in the interrogative forms because too often in the classroom situations students are programmed to respond to questions and not to produce them.

The cultural setting of the dialogue is important, and inextricably linked to this is an awareness of typical Spanish usage, e.g. the student tends to use the abrupt – ¿Qué quieres? – instead of the more usual – ¿en qué puedo servirle? Mastery of such expressions will of course come with practice.

Spontaneity and naturalness of response is perhaps the most vital ingredient of dialogue construction. The stilted and stereotyped form of dialogue is definitely to be avoided. In the dialogue situation, if the most natural response is a simple *sí* or *no* then that will be acceptable. The same is true of full sentences. The complete type of response is not necessary if the situation or context does not demand it. e.g. in response to ¿Dónde vivió el año pasado? – En Bridgetown – would suffice.

For the dialogue completion exercise, the dialogue must be considered as a whole and continuous passage. Each blank must not be considered in isolation.

The answers provided have been verified by native speakers. Of course all suggestions are not equally appropriate in terms of frequency of use and naturalness, but the teacher will be able to judge the most natural. Also the suggestions are by no means inexhaustive but provide some possibilities.

Summary guideline to the student

1 Try to think in Spanish and write the dialogue straight into Spanish. Never write a dialogue in English with the intention of translating afterwards.
2 Try to use the vocabulary that you already know. Although your vocabulary may be limited, believe it or not, it is adequate enough to compose the necessary answers and comments required for the particular situation.
3 Do not attempt structures which are too complex and if the vocabulary is unknown to you either leave it out or get around it by paraphrase. Do NOT mix Spanish and English. This is always heavily penalised in an examination.
4 Try to build up a repertoire of common conversation expressions such as *claro que sí*, *pues*, *bueno*, *fíjate*, *mira*, *hombre*, etc.
5 In order to build up and "fill out" your dialogue, try to think of likely responses to the previous question or statements and anticipate how the response could elicit or stimulate further response.
6 Re the format: remember that you are required to write a dialogue. Do not preface the dialogue with long narrative introductions.

Finally, remember that dialogue is the living language. It is language for communication and as such should be vibrant, spontaneous and natural, both in the language learning (class) situation, as well as, hopefully, in your day-to-day or chance encounters with native speakers.

Model Dialogue

You find yourself in a very embarrassing situation, in that you have just eaten a meal in a restaurant, but do not have enough money to pay for it. Write a dialogue between yourself, the waiter and the manager, explaining the situation and how you resolve it.

Alicia: La comida estuvo muy sabrosa. Mozo, puede traerme la cuenta, por favor.
Mozo: Sí, señorita, aquí tiene usted la cuenta.
Alicia: Gracias, ¡qué!, ¡más de quince dólares! Yo sólo tengo diez dólares.
Mozo: Pero, señorita, ¿no vio usted los precios en la carta?
Alicia: Sí, señor, pero yo creía que tenía más dinero en mi cartera.
Mozo: Señorita, mucho lo siento, pero yo tengo que entregar cuentas.
Alicia: Sí, señor, yo entiendo ..... ¿Puedo hablar con el gerente?
Mozo: Está bien. Pase por acá.
Alicia: Buenas tardes, señor, perdone que lo moleste pero tengo un problema.
Gerente: Sí, señorita. ¿En qué puedo servirle?
Alicia: Mire usted, yo comí su deliciosa comida y ahora no tengo dinero suficiente para pagar. ¿Qué puedo hacer? Si quiere puedo lavar los platos o lo que sea.
Gerente: Está bien, señorita. Usted puede traerme el dinero después.
Alicia: Muchísimas gracias, señor Gerente, usted es muy amable. Mañana regresaré con el dinero y hasta con propina para el mozo.
Gerente: Okay, señorita, no se preocupe, tengo confianza.
Alicia: Hasta mañana, señor, y gracias de nuevo.
Mozo: Adiós. ¡Que le vaya bien!

Model Dialogue

Maria is having a problem with the plumbing in her hotel room. She goes down to the receptionist's desk and asks him/her to come up or send someone to investigate. Write a dialogue about the situation. Describe the problem, including in your dialogue questions, comments, etc. that the receptionist would say to show her concern.

María: Buenos días, señorita.
Recepcionista: Buenos días, señora Álvarez.
María: ¿Cómo está? Mejor que yo, espero .....
Recepcionista: ¿Qué le pasa a usted hoy? Está muy enojada. ¿No durmió bien?
María: Sí, dormí bien, pero no me he bañado todavía.
Recepcionista: Oh, ¿Por qué?
María: Usted bien debe saberlo.
Recepcionista: No, no sé nada. Cuénteme.
María: Mire, señorita, mi habitación no tiene agua desde anoche. No hay agua en el lavamano, ni en la ducha, ni en el sanitario.
Recepcionista: ¡Qué extraño! Pero lo siento mucho. Ahora mismo voy a informárselo al gerente.
Gerente: Acabo de llegar y no sé lo que pasó aquí anoche. Dígale a la señora Álvarez que enviaré al plomero a su habitación en seguida.

(*En la habitación de María*)

Plomero: Señora Álvarez, tuvimos que cerrar anoche toda el agua del tercer piso del hotel. Tuvimos que hacer unas reparaciones.
María: ¿Cuánto tiempo tengo que esperar?
Plomero: No lo sabemos. Pero quizás dos o tres días más.
María: ¿Y qué hago ahora?
Plomero: Lo siento, tendrá que subir al quinto piso a usar un cuarto de baño de allí. Esos todavía funcionan.
María: Bueno, si no hay otra solución .....

Dialogue Topics

Write in SPANISH a dialogue of 150–160 words on ONE of the following. Be sure to use the tenses and format which are appropriate to the topic chosen. DO NOT write an introduction or a conclusion. Use a dialogue format only.

1. You and your sister are visiting your cousins whom you are meeting for the first time. Write a dialogue between yourself and your cousins in which you may express your delight at seeing them and exchange ideas about country and town life. (Your cousins may live either in the city or in the country.)
2. You have been invited home for a dinner by a long-standing pen-pal while on a holiday in Mexico. Write a dialogue that may take place during the meal. You should comment on Mexican food and answer questions about your country's customs and food.
3. You are usually late for school but on this occasion you have a good excuse. Write a dialogue between yourself and the teacher.
4. You go to a police station in Colombia to report the loss of your passport. Write a dialogue between you and the policeman.
5. You try to book a room in a hotel but the hotel is full. The receptionist directs you to another hotel nearby. Write a dialogue on what follows.
6. You and a fellow countryman go to a "Droguería" hoping to buy something to relieve your headache. However, medicines are not sold in a "droguería", but in a "farmacia". In your dialogue, the shop assistant is surprised at your confusion regarding the names of the shops. How may this misunderstanding be resolved?
7. You are temporarily employed during your holidays at a shop at the airport and two journalists from Argentina engage you in a conversation. They request you to show them the sights of the city the following day when you will be free. Write the dialogue which takes place between you and the journalists. What are their special interests? Tell them when and where you plan to take them. (If you are unable to take them you introduce them to someone who can?)
8. Continue the above dialogue with the journalists as you take them (or as they are taken) around your city. What do you tell them? What questions do you ask them about their country? What is your reaction to their comments?
9. You have been wrongfully accused of taking an article belonging to another student in your class. Write a dialogue between you and the Principal, in which you defend yourself. Interventions from other students are permitted.
10. You buy a dress (or shirt), but when you get home, you find that it has a spot. Write a dialogue between yourself and the sales clerk and eventually the manageress, as you seek to get a refund.
11. You go for a job interview. Write a dialogue between yourself and your interviewer, as he tries to find out your interests and talents.

12 You are walking down the main street of your city and you encounter a Venezuelan tourist who is lost. Write a dialogue showing how you direct him to his destination.

13 You have just returned home after seeing an interesting film. You discuss it with your mother. Your dialogue should reveal who accompanied you, at what time and how you went to the cinema and what the movie was about.

14 Write a dialogue between yourself and the customs officer at the airport as you are about to enter Caracas, Venezuela. Explain the reasons for your visit, where you are from, where you intend to stay.

15 You are interviewing Reggae singer – Peter Tosh – for an article in your school magazine. Write the dialogue between yourself and the singer. You will not be penalised for including inaccurate details.

16 Imagine that you are one of the strikers ("huelguistas") at a workplace (factory, etc.) and
   (a) a passer-by, *or*,
   (b) a journalist (radio, T.V. or newspaper) asks you what you are doing and why you are striking, etc.

17 You find yourself in a very embarrassing situation, in that you have just eaten a meal in a restaurant, but do not have enough money to pay for it. Write a dialogue between yourself and the waiter, and then the manager, explaining the situation, and how you resolve it. [See model dialogue]

18 You are not feeling well, and your mother takes you to the doctor. Write a dialogue between yourself and the doctor.

19 You meet a student from Costa Rica who is interested in the political scene in your country. Write a dialogue giving him/her information on the situation. You also take the opportunity to ask him/her a few questions about his/her country.

20 Write a dialogue based on the following situation. Pedro has never passed a Maths test. Yesterday he did a difficult paper for which he received 100%. The teacher was surprised, and wrongfully accused him of cheating. He explains that he has been working hard and has been receiving extra help. He is very hurt and the teacher apologizes.

21 At a party in a Spanish-speaking country your hostess serves a typical and tasty snack or dish. In a dialogue, tell her how much you enjoyed it. You ask for the recipe which she shares with you and you describe typical meals in your country.

22 You are conducting a small group of students from Cuba on a tour around your school. What would you tell them and what questions would they ask?

23 Maria is having a problem with the plumbing in her hotel room. She goes down to the receptionist's desk and asks him/her to come up or send someone to investigate. Write a dialogue in which you describe the problem and the receptionist expresses his/her concern for your predicament.

Essays

Advice on writing essays

The task of writing essays in the foreign language has never been viewed with enthusiasm by the average student. This negative attitude is reinforced by the fact that performance in this area is usually very poor. However, this is a situation that can be remedied with proper preparation and with the eradication of negative attitudes that have developed vis-à-vis essay writing.

Essay writing demands creative ability on the part of the student. Whereas a very imaginative essay goes a long way towards impressing the examiner, lack of creativity will not lead to failure as is erroneously thought. Rather it is those grammatical blunders and complete disregard for style that result in the students' undoing.

We do not mean to suggest that essay writing is an easy proposition. Some students tend to get so carried away in their attempt to create something in the foreign language that even the most basic rules of grammar escape their notice. However, if students are trained to scrutinize (critically and carefully) their finished product the tendency to write without due reflection could be avoided.

In general, weaknesses in essay writing fall into the following categories:
1. Grammatical inaccuracies
2. Paucity of ideas, banal treatment of the subject matter
3. Anglicisms and non-idiomatic forms
4. Limitations in vocabulary
5. Avoidance of complex sentence structures
6. Over-reliance on the dictionary
7. Lack of plan which gives rise to the following characteristics:
    (a) Incoherence
    (b) Repetition
    (c) Padding
    (d) Inability to meet the required length
    (e) Unbalanced presentation, usually "top heavy" with the concluding portion of the essay undeveloped and hastily put together.

Students should be constantly reminded of what is required of them, such as a wide range of vocabulary, use of idiomatic expressions, the required length, etc., so that the writing of sub-standard essays may be avoided.

In an effort to eradicate the grammatical mistakes, students should be encouraged and trained to search for mistakes, that is, to check if they have the correct verb forms – subject – person; agreement of adjectives, etc. At (G.C.E.) 'O' Level and at CXC Basic and General Proficiency, the emphasis is on the production of correct structures. More sophisticated language is expected at 'A' Level.

The way in which correction of the essay is done is of vital importance if the standard of essay writing is to be improved. Extensive correction of essays should be avoided. A mere indication of where the error exists is sufficient and the students then correct their own errors. When all corrections are given, students tend never to review their work; nor do they easily remember the corrections.

In order to assist students in developing adequately planned essays, we have accompanied the picture series with guided questions which summarise the content. If these are answered by the student without further elaboration, the essay will be rather simplistic, but at least it will be structured. If the questions are first dealt with orally in class, the students will then find it easier to write the material. They will not have to search for new vocabulary which often leads to frustration. Oral participation will also, hopefully, awaken their interest in the subject. Four model essays are included.

The key to success is adequate practice. The format in which this practice takes place can be quite varied whether by oral reports that are later written, group production, news reports, eye-witness reports in which students in the class prompt with questions, etc. This is left to the ingenuity of the teacher and the cooperation of the students. In the long run, it will be well worth the effort, for the students' increased confidence in their writing ability will be reflected in the improved quality of their essays.

Model Essay

You have just spent a terrifying night in an old house during a hurricane. In the morning you view in horror the damage. Describe both experiences.

Era una calurosa tarde de septiembre. Eran las cuatro de la tarde, cuando el viento empezó a soplar con mucha fuerza.

La grande y vieja casa era sacudida por el viento y yo temblorosa corría por la casa sin saber qué hacer. Poco a poco todo se fue tornando oscuro y un silencio de muerte invadió el lugar. Sólo se escuchaba el crujir del viento.

La lluvia se tornaba más y más fuerte, y en el viejo zinc las grandes y gruesas gotas sonaban como caballos en un estampida.

Corrí a mi cuarto y encendí la radio. El locutor decía que el huracán se acercaba a mi ciudad. Muerta de miedo me metí en la cama y me puse a rezar. Después de un rato mis ojos se cerraron y me quedé dormida.

A la mañana siguiente todo estaba en calma. Salí afuera y vi con horror los daños causados por el huracán; árboles en el suelo, objetos tirados por todas partes, los cables de la luz guindando o en el suelo. Me senté en el suelo a llorar. Di gracias a Dios que mi vieja casa no había sido destruida.

Essay Topics

Write an essay, in SPANISH, of 150–160 words on ONE of the following:

1. El primer día de la escuela
2. Un viaje en tren
3. Una excursión
4. Un incidente en el mercado
5. Una visita a una fábrica
6. Un incendio
7. Una noche de terror
8. Un día en la playa
9. Un reloj perdido
10. Trabajando en/durante las vacaciones
11. Una manifestación
12. El turismo en el Caribe
13. Una visita a un país hispano-americano
14. La navidad en mi país
15. Una fiesta religiosa
16. Un accidente en las montañas
17. Una gran sorpresa
18. Una aventura durante un viaje
19. El aniversario
20. El clima de mi país
21. Por qué me gustan los deportes
22. Un día lluvioso en casa
23. El huracán
24. Un accidente automovilístico
25. El día más triste de mi vida
26. Mis planes post-escolares
27. Las ventajas y desventajas de asistir a una escuela mixta
28. La casa de mis sueños
29. Si fuese millonario
30. Mi madre
31. Mi mejor amigo(a)
32. Mi tía favorita
33. Una semana en un campamento
34. Una situación penosa
35. Una visita a los jardines zoológicos
36. Los problemas principales de mi país
37. Una merienda (picnic) en el campo
38. Un libro interesante que he leído
39. Mi artista favorita – sus calidades, su vida personal, etc.

40. Write an account of a hike to the country in which you and a small group participated. What plans did you make before setting out? Give interesting details of the countryside and of a frightening encounter, for some of the group with a seemingly ferocious bull.
41. A young couple leaving the late show at a cinema decided to start walking home after waiting in vain for a taxi. Describe their fearful reaction to the circumstances and how they eventually arrived safely home.
42. Write an account of the three days you spent at a camp near a river.
43. Write an account of a day spent at the zoo and an Amusement Park. You go reluctantly with a young sister but the day turned out to be enjoyable for both of you.
44. Your scout troop or guide company arrives at a camp site to find the place deserted. The rooms and other facilities are in a mess. Describe the reaction of the group. What eventually happened?
45. Write an essay on "A field trip" for – Science, Geography, History, Spanish class, etc. Relate some of the points that you were asked to look out for and what answers you found.
46. Write an essay on "Christmas Morning". Describe the excitement of getting up, of going to an early morning church service, your return home, and the eagerness of everyone to open the presents.
47. Imagine you are a witness to an incident when a crowd of people attack the police and start rioting. Write an account of this.
48. Write an essay on "A day at the beach". This should have been an enjoyable day but everything went wrong – the weather, mishaps, disappointments, etc.
49. Write an essay on "John Canoe" or "Johnkanno". Describe the participants in the band. What do they do, how are they dressed? What is the reaction of the crowd of spectators? Do the children in the crowd behave differently? Are there special names for individual members of the band?
50. You are a member of a small band during Carnival. How large is the band? Was it difficult to get members to participate? When did you begin planning for Carnival? Describe the band and say what it did during the parade. What was the reaction of the crowd or judges to your band?
51. You and a group of friends decide to have some fun during Independence celebrations. How did your neighbours react to your asking for a contribution.

Picture Composition

Model Picture Composition
La clase visita una fabrica azucarera

Write in SPANISH in the PAST TENSE, using 150–160 words, the story told in the series of pictures below. Be sure to include each picture in your story.

The questions combined with the pictures will guide your answer.

1. ¿Dońde se estaciona el ómnibus?
   ¿Qué va a hacer la gente?
   ¿Quiénes van a acompañar al grupo?
   ¿Está situada la escuela en el campo o en la ciudad?
2. ¿Dońde está el ómnibus ahora?
   ¿Cuánto tiempo lleva para llegar allí?
   ¿Está la fábrica en el proceso de hacer azúcar?
   ¿Hay muchos carros de caña de azúcar allí?

1   2

63

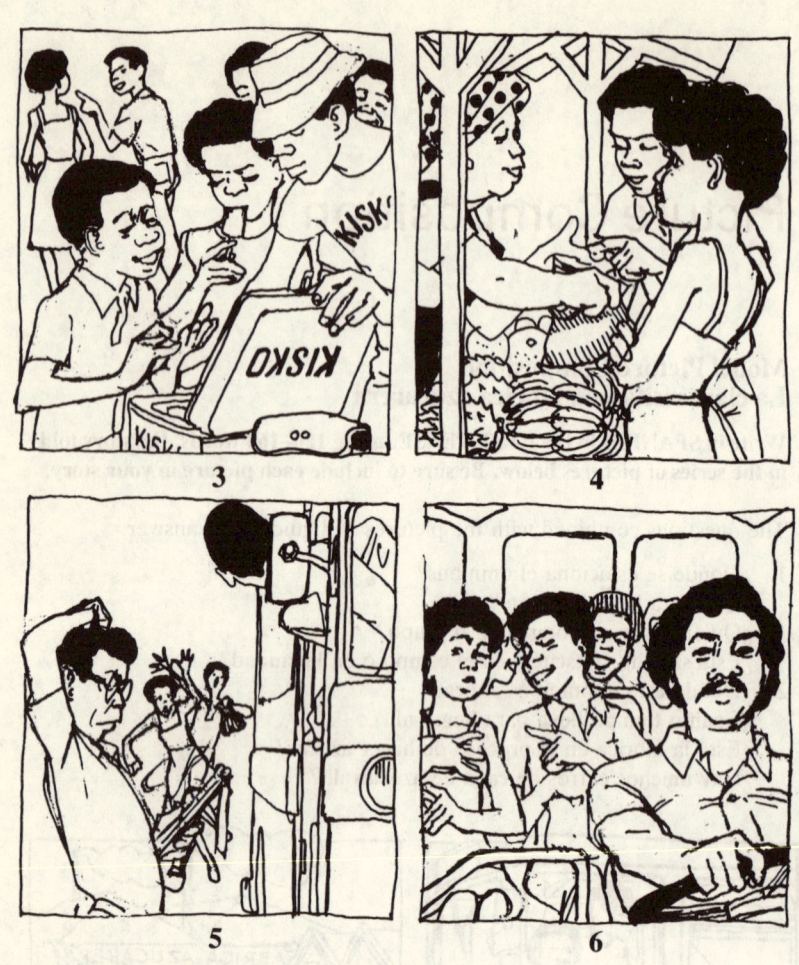

3 ¿Cuánto tiempo pasan en la fábrica?
  ¿Dónde se encuentran los alumnos ahora?
  ¿Qué están comprando?
  ¿Qué comen?
4 ¿Cuántos alumnos se han alejado del grupo?
  ¿Dónde están?
  ¿Qué hacen?
  ¿Por qué mira la niña su reloj?
5 ¿Por qué corren?
  ¿Saben los otros lo que ha pasado?
  ¿Qué le dice la muchacha al muchacho?
6 ¿Cómo se sienten los dos?
  ¿Les dan las excusas a los maestros?
  ¿Qué hacen para resolver el problema?

Model Answer

Nuestra clase decidió visitar una fábrica de azúcar. Estuvimos toda la semana haciendo los planes necesarios para que todo saliera bien.

El autobús llegó a la escuela muy temprano en la mañnana. Cuando Ilegó se estacionó en la puerta de la escuela y los alumnos guiados por los maestros fuimos entrando en el autobús ordenadamente. Nuestra escuela está situada en el norte de la ciudad y con nuestra salida quedó vacía. Salimos cantando del patio de recreo.

El autobús tardó en llegar aproximadamente una hora. Cuando llegamos al central estaba en plena labor. Allí nos recibió un obrero y antes de mostrarnos la fábrica nos dijo que el central era donde se procesaba el azúcar. También nos explicó que ese tiempo era el fin de la cosecha para el proceso del otro año. Pasamos en el central alrededor de una hora y media recorriendo todos los lugares por donde pasa la caña antes de convertirse en azúcar.

Luego fuimos a merendar bajo la sombra de un gran algarrobo donde compramos helados, dulces, refrescos, etc . . . . .

Mientras tanto Pedro y Juana se fueron a un kiosco a comprar bananas donde se entretuvieron por largo tiempo. Mientras conversaban Juana miró su reloj y se dio cuenta de que era tarde. Al instante ambos se pararon y echaron a correr en dirección del resto del grupo.

Ya en el autobús, Miguel se dio cuenta que alguien faltaba, pues había dos asientos vacíos. En este momento aparecieron los dos niños, y en un instante montaron en el autobús.

Ellos se sentían muy avergonzados y les pidieron disculpas a los maestros. Les dijeron que no pasaría más. Luego regresamos felizmente a nuestra escuela.

Picture compositions

1 Invitation to the country

1. ¿Cómo supo la niña que el cartero estaba a la puerta?
   ¿Cuántas cartas hay y de quién son?
   ¿Cómo se llama la niña?
2. ¿Dónde está estaba sentada la madre? ¿Qué hacía?
   ¿Estaba contenta la niña ¿Por qué?
   ¿Quíen se la ha escrito a la niña?
3. ¿Adónde fueron para coger el autobús? ¿Cómo viajaron?
   ¿Quiénes la acompañaron?
   ¿Adónde iba la niña?
   ¿Qué hacían los vendedores?
   ¿Qué vendían?
4. ¿Viajaba otra niña en el bus?
   ¿Quién la acompañaba?
   ¿Dónde estaban sentadas?
5. ¿Dónde se paró el bus?
   ¿Quiénes se han apeado?
   ¿Cree vd que la niña y la mujer viven aquí?
6. ¿Quiénes son estas personas?
   ¿Fue gran sorpresa para la niña?
   Describa la granja y los animales.

67

2 The cartman and his donkey

1. ¿Era viejo el hombre?
   ¿Cómo ganaba la vida?
   ¿Por qué se rieron los niños?
   ¿Quiénes son los niños?
   ¿Qué hacían?
2. ¿Adónde ha llevado el hombre su burro y carreta?
   ¿Por qué se ha quitado el burro de la carreta? ¿Era tarde?
   ¿Dónde se encontraba el burro ahora?
   ¿Qué hacían los niños? ¿Sabía el hombre dónde estaban?
3. ¿Qué hacían los niños?
   ¿Querían montar al burro?
4. ¿Cómo se despertó el hombre?
5. ¿Estaba enojado? ¿Qué hacía el burro?
6. ¿De quiénes era la casa? ¿Quiénes vivían allí?
   ¿De qué se quejaba el viejo?
   ¿Cuál fue la reacción del otro hombre?

69

3 Cutting the lawn

1. ¿De quién es la carretilla? ¿A quién le pidió prestada la carretilla?
2. ¿Qué tiempo hacía? Describa la segadora de césped ¿es mecánica o no?
   ¿Quién está poniendo la ropa en la cuerda para tenderla?
3. ¿Por qué estaba sentado el hombre?
   ¿Dónde estaba sentado? ¿Estaba cansado?
   ¿Qué hacía? ¿Dónde estaban las hojas?
4. ¿Por qué iba durmiéndose el hombre?
   ¿Qué pasó con su cigarrillo?
   ¿Cómo pegó fuego a las hojas?
   ¿Qué le despertó al hombre?
5. ¿Para qué corrió la mujer con la manga y el cubo?
6. ¿Cuál fue la reacción del vecino?
   ¿Qué dijo el hombre?

71

4 At the beach

1. ¿Qué va a hacer esta familia durante este día de vacación?
   ¿A dónde va?
   ¿Cuántos años tendrá el niño?
   ¿Qué tiene en la mano?
   ¿Qué hace el hombre?
   ¿Qué tiene la señora? – ¿qué lleva?
2. ¿Qué hace el niño?
   ¿Juegan los padres con él?
   Describa el castillo de arena.
3. ¿Dónde están los padres ahora?
   ¿Qué hacen? Y la gente en la playa ..... ¿Qué hace?
4. ¿Cuándo notaron la ausencia del niño?
   ¿Qué hacen? ¿Dónde buscan?
   ¿Están preocupados?
   ¿A quiénes preguntan?
   ¿Qué les dicen?
5. Describa al vendedor de helados. ¿Sabe el vendedor dónde está el niño?
6. ¿Dónde está el niño? ¿Qué hace?
   ¿Se da cuenta el niño de la preocupación de sus padres?
   ¿Cómo se sienten todos?

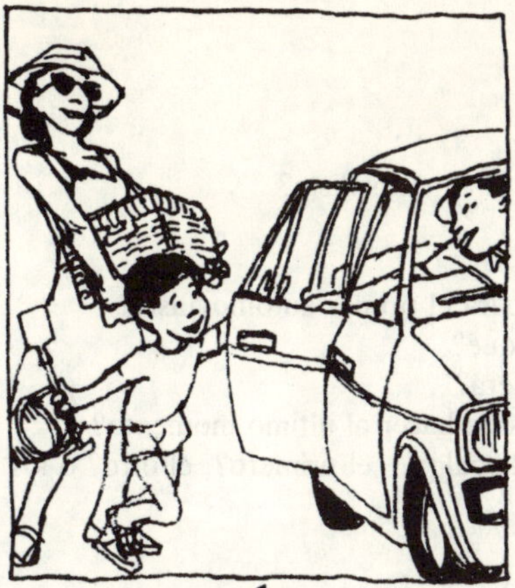

1

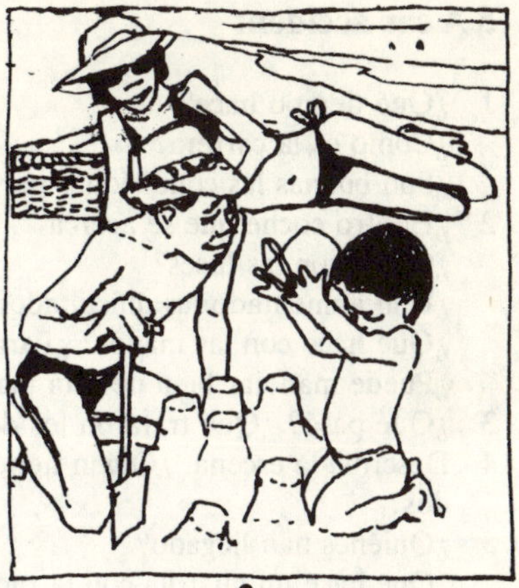

2

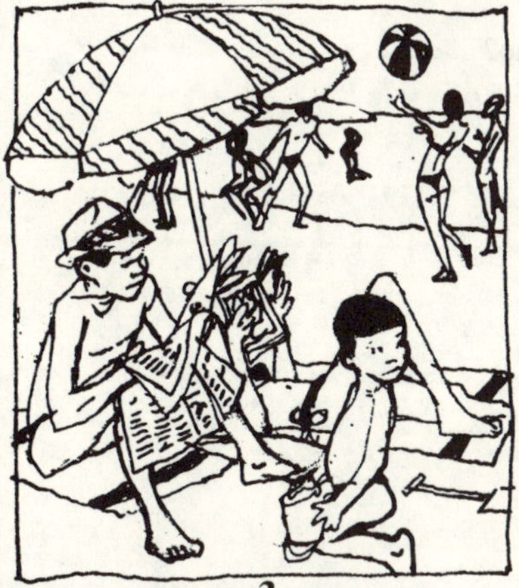

3

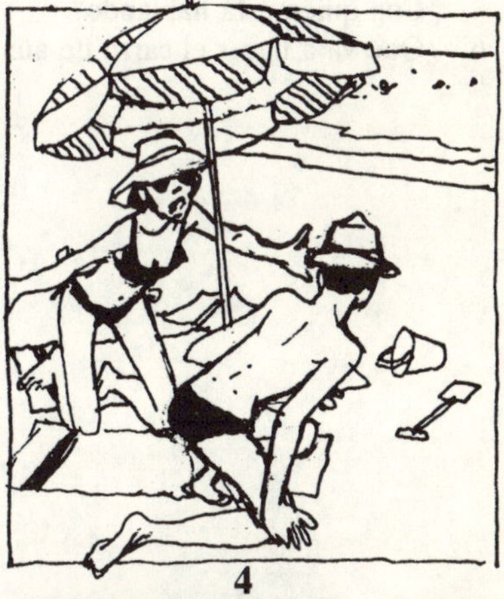

4

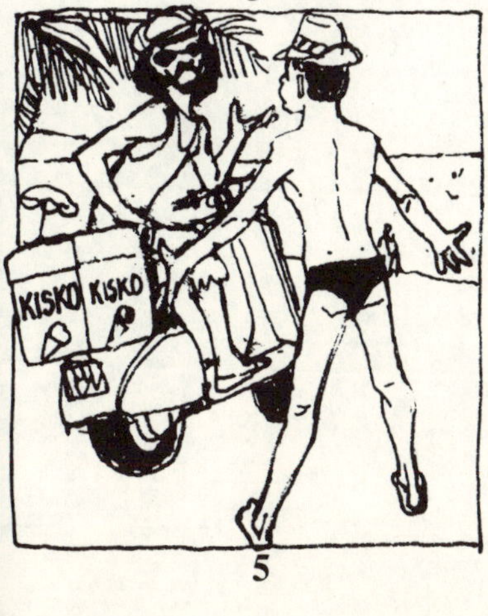

5

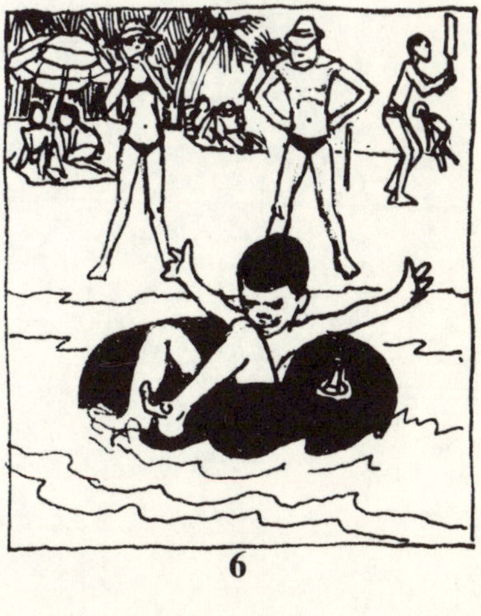

6

5 A car accident

1. ¿Qué tiempo hace?
   ¿Cómo es la carrera?
   ¿Son buenas las condiciones para el automovilista?
2. ¿El otro coche que se acerca .....
   ¿Cómo son las luces?
   ¿Han aumentado las dificultades para el primer automovilista?
   ¿Qué hace con las manos? ¿Para qué?
   ¿Puede manejar bien de esta manera?
3. ¿Qué pasó? ¿Qué trataron los dos de hacer al último momento?
4. Describa la escena. ¿Quién tiene la culpa? ¿el primero?, el otro? o los dos?
5. ¿Quiénes han llegado?
   ¿Qué hace un guardia con la radio?
   ¿Con quién está hablando?
6. ¿Qué va a hacer el carro de auxilio?

1

2

3

4

5

6

6 A broken leg

1. ¿A qué se juega aquí?
   ¿En qué país? ¿A qué hora? ¿Después de las clases o durante las clases?
2. ¿Va la pelota fuera del campo?
   ¿Cuál es la reacción de los niños?
3. ¿Qué hace un niño? ¿Por qué?
4. ¿Se ha hecho daño al caerse?
5. ¿Adónde van a llevar al niño?
6. ¿Dónde está el niño? Describa su pierna.
   ¿Quiénes le visitan? ¿Qué hacen los visitantes?

La camilla – stretcher.

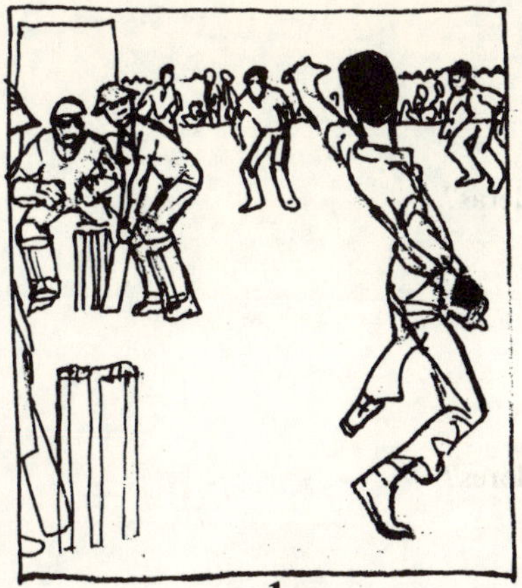

1

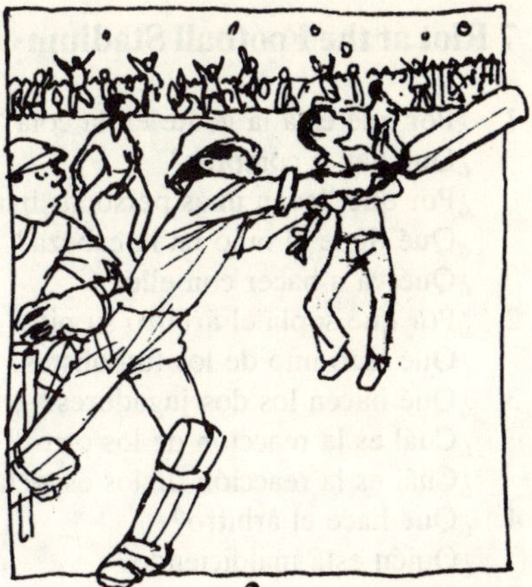

2

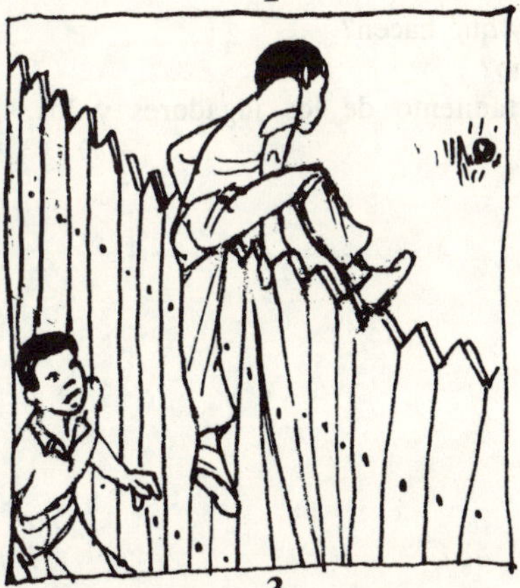

3

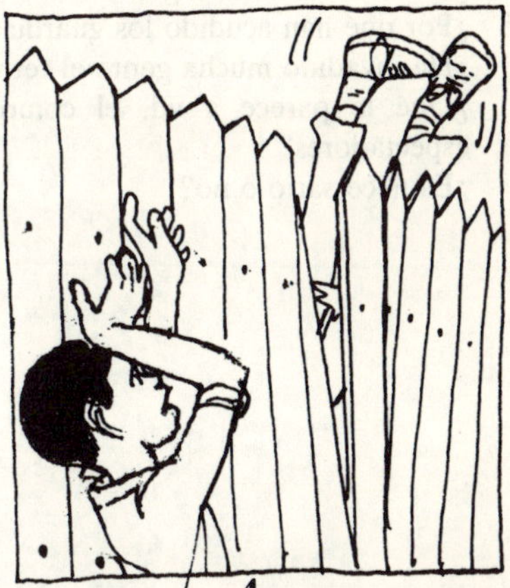

4

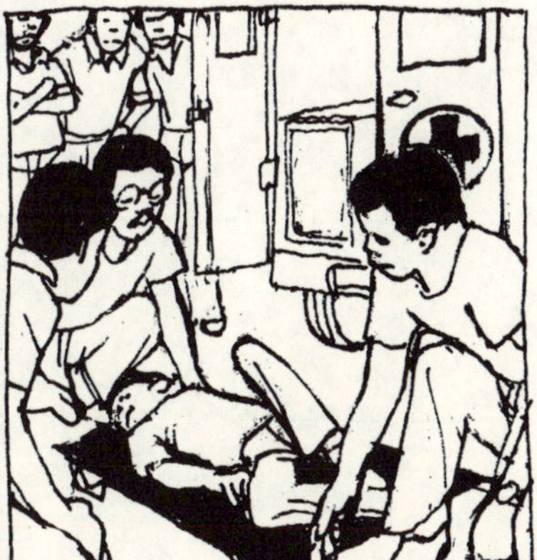

5

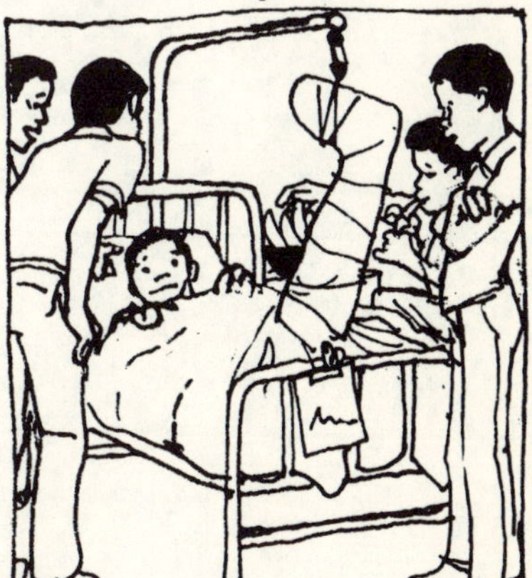

6

7 Riot at the Football Stadium

1. ¿Por qué está la gente en la cola?
   ¿Qué van a comprar?
   ¿Por qué llevan unas personas banderas?
   ¿Qué tiene el niño en la cabeza?
   ¿Qué va a hacer con ello?
2. ¿Por qué sopla el árbitro su pito?
   ¿Qué hizo uno de los futbolistas?
3. ¿Qué hacen los dos jugadores?
   ¿Cuál es la reacción de los otros?
   ¿Cuál es la reacción de los espectadores?
4. ¿Qué hace el árbitro?
   ¿Quién está maldiciendo?
5. ¿Y la reacción de la gente ..... ?
6. ¿Por qué han acudido los guardias y qué hacen?
   ¿Ha invadido mucha gente el terreno?
   ¿Qué le parece a vd. el comportamiento de los jugadores y los espectadores?
   ¿Es necessario o no?

1

2

3

4

5

6

8 In the Supermarket

1. ¿Quiénes entran en el Supermercado?
   Describa vd. a las dos. ¿Son ricas o no?
   ¿Qué lleva la mujer?
2. ¿Quién está empujando la carretilla?
   ¿Compran mucho?
3. ¿Dónde están ahora? ¿Han pagado a la cajera?
   ¿Qué ocurrió aquí?
   ¿Quiénes se chocaron?
   Describa vd. a la otra mujer.
   ¿Ha comprado ella muchos comestibles?
4. ¿Qué hay en el suelo?
   Describa los artículos.
   ¿Qué ocurrió?
5. ¿Cuál es la reacción de la gente?
6. ¿Qué hace la mujer rica?
   ¿Qué le ofrece a la otra mujer?
   ¿Y la reacción?

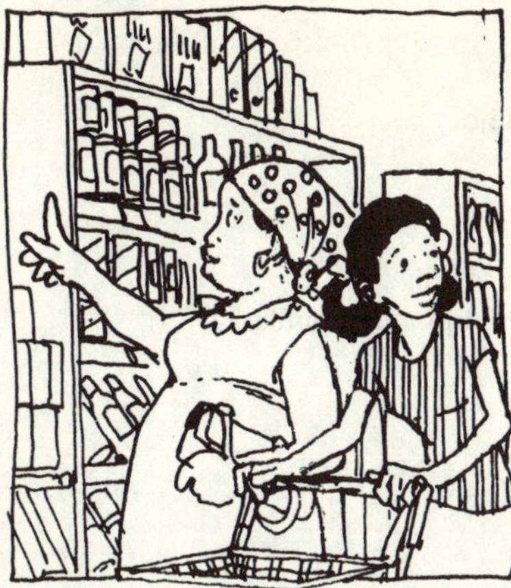

1

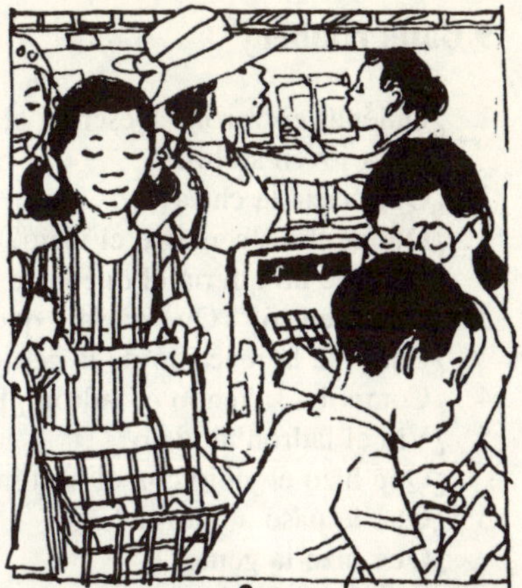

2

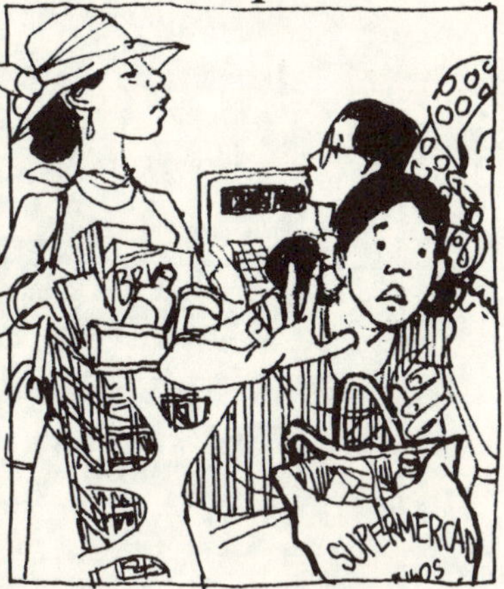

3

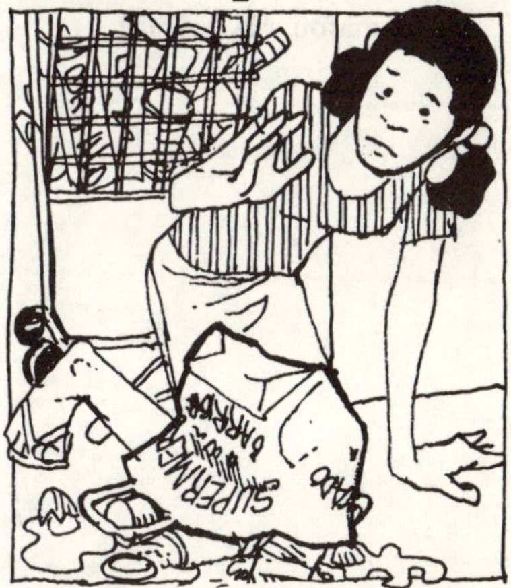

4

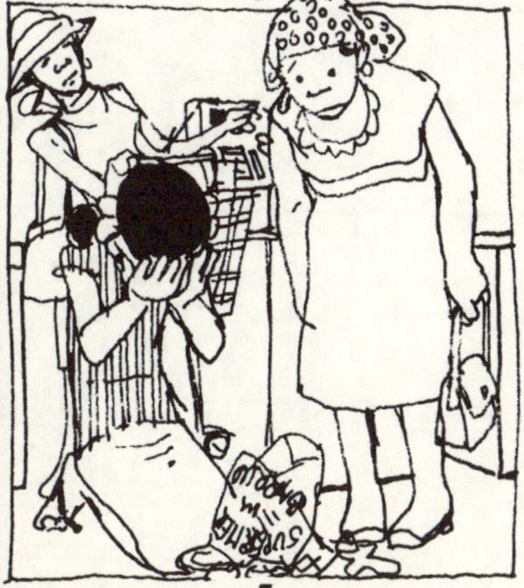

5

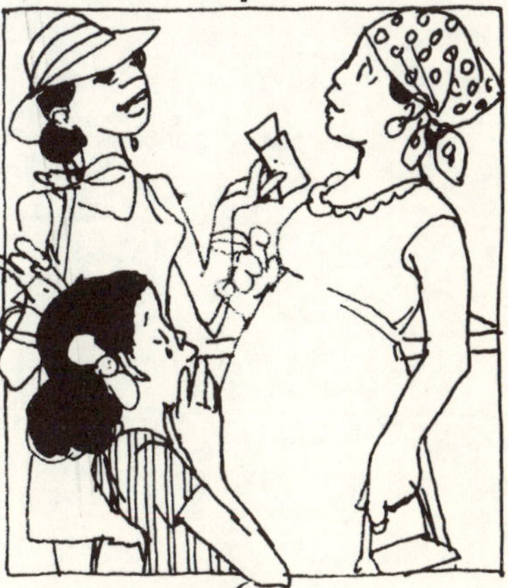

6

9 Bank robbery

1. ¿Quiénes entraron? Describa al viejo.
   ¿Es la joven su hija?
2. ¿Qué hacía la chica?
   ¿Dónde iba a sentarse el viejo?
   ¿Por qué no quería él quedarse en la cola?
3. ¿Quién entró? ¿Qué hacía y qué le dijo a la taquillera?
   ¿Cuál fue la reacción de la gente?
4. ¿Cómo iba saliendo el ladrón ¿Por qué?
5. ¿Vio el ladrón al viejo?
   ¿Qué hizo el viejo con el bastón?
6. ¿Qué le pasó al ladrón?
   ¿Qué hizo la gente?
   ¿Quién estaba dando las gracias al viejo?
   ¿Llamaron a la policía?

1	2
3	4
5	6

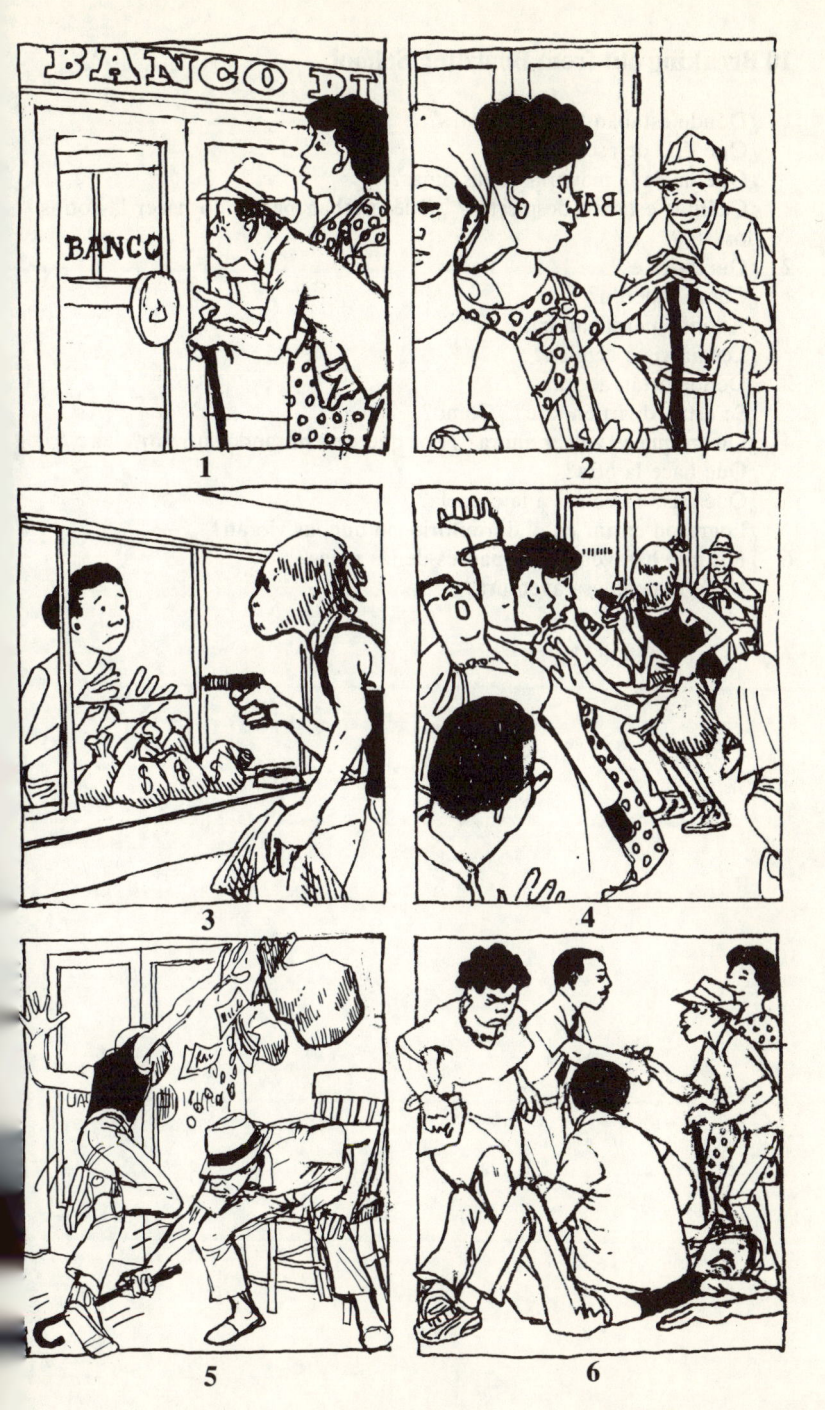

10 Breaking out from Boarding School

1. ¿Dónde estaban las estudiantes?
   ¿Qué tipo de escuela es?
   ¿Qué hacía la mayoría de las niñas?
   ¿Cuántas estaban despiertas? ¿Qué estaban pensando hacer las otras dos?
2. ¿Qué hora es?
   ¿Cómo salieron?
   ¿Adónde pensaban ir?
   ¿Les ha visto alguien?
3. ¿Dónde están ahora?
   ¿Se están divirtiéndose? ¿Cómo?
4. ¿Quién quiere volver ahora? ¿Por qué está mirando su reloj?
   ¿Qué hace la otra?
5. ¿Qué pasó al volver a la escuela?
   ¿Lograron entrar en el dormitorio sin que las vieran?
6. ¿Por qué han venido los padres de las niñas?
   ¿Valió la pena esa aventura?

1 2 3 4 5 6

11 Cooking a meal

1. ¿Dónde estaba la mujer?
   ¿Qué estaba preparando?
   ¿Qué había en la mesa?
   ¿Por qué estaba preparando el pastel?
2. ¿Dońde lo metió?
   ¿Por cuánto tiempo debe quedar en el horno?
3. ¿Dónde estaba la mujer? ¿Qué hacía?
   ¿Quién la llamó por teléfono?
4. ¿De qué charlaron?
   ¿Cuánto tiempo hablaron?/¿charlaron?
   ¿De qué se había olvidado la señora?
5. ¿Qué pasó?
   ¿Por qué corrió a la cocina?
   ¿Qué hora era?
6. ¿Cuál fue la reacción de la familia?
   Describa el pastel.

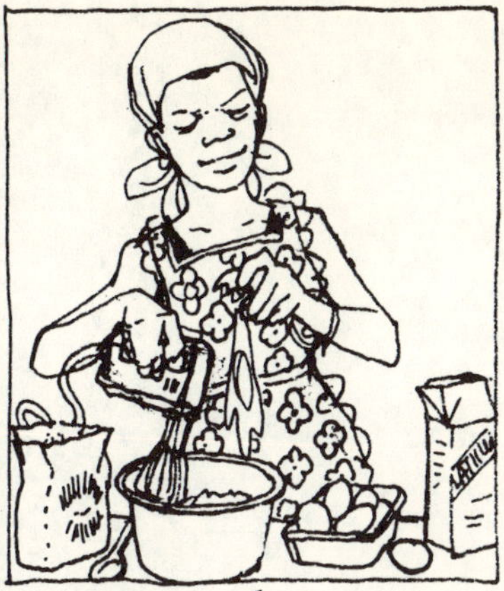
1

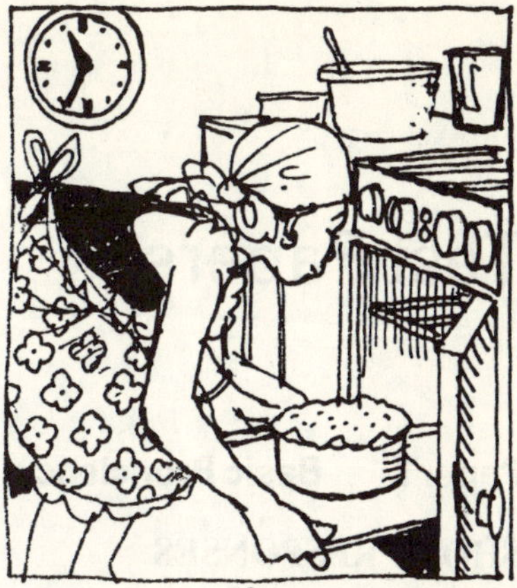
2

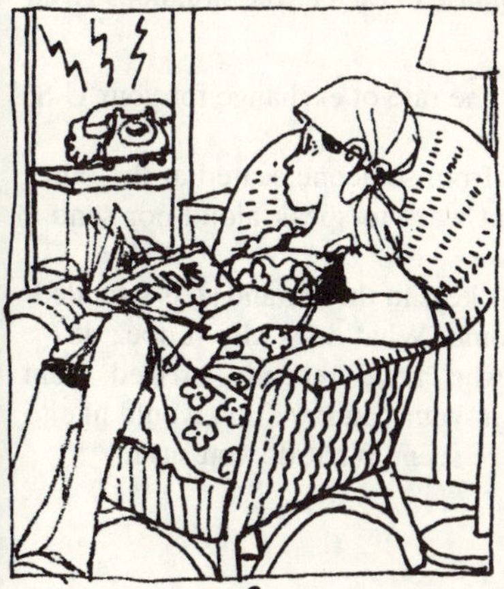
3

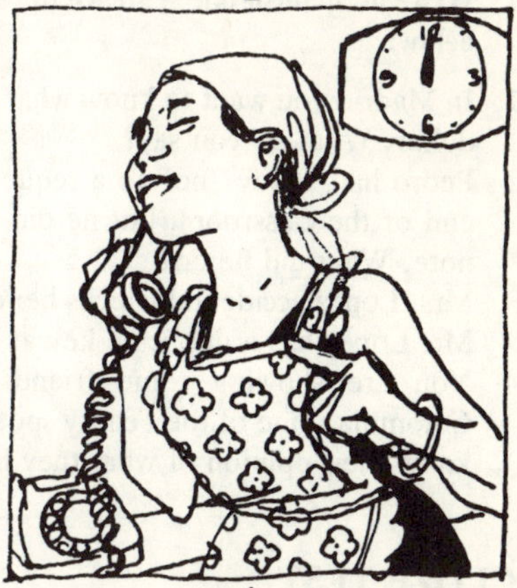
4

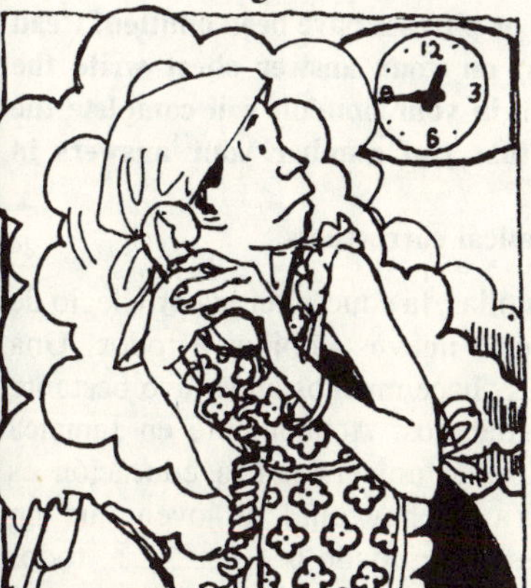
5

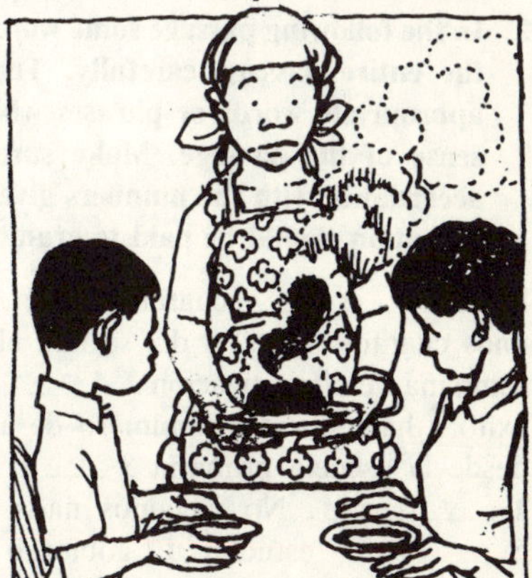
6

Test Papers

Paper I   Basic Proficiency
SHORT RESPONSES

1 **Write in Spanish one sentence in response to each of the situations given below:**

1 In Madrid you want to know what is the rate of exchange for your U.S. dollar. What do you say?
2 Pedro had to say "no" to a request from someone seated at the other end of the classroom, but he did not want to speak aloud nor send a note. What did he do?
3 Mrs. Lopez accidentally locks her car keys in the car and so is stranded. Mr. Lopez has a duplicate key at home. What does Mrs. Lopez do?
4 You are showing some friends who have recently arrived from Colombia some of the beauty spots in your country. You would like to know their opinion of what they have seen. What do you say?

CLOZE TEST

2 **In the following passage some words or phrases have been omitted. Read the entire passage carefully. Then, on your answer sheet write the appropriate words or phrases which in your opinion will complete the sense of the passage. Make sure that you number your answers in accordance with the numbers given.**
Attention should be paid to grammatical correctness.

En los 1 _____ cuarenta en las Antillas, la educación era privilegio de unos cuantos. Hoy en día se han abierto nuevos caminos a todos. Una campaña de alfabetización 2 _____ hace muchos años tuvo bastante éxito y ha reducido el número de analfabetos. Actualmente en Jamaica desde la escuela primaria 3 _____ la universidad la educación es 4 _____. No pagamos nada. Ya no hay niño ni joven que no 5 _____ estudiar. El gobierno les ha brindado 6 _____ todos esa oportunidad.

En las Antillas el niño comienza la vida escolar 7 _____ los seis en la escuela primaria. Después 8 _____ a la secundaria. Por último los mejores alumnos pasan a la universidad o a los diversos institutos superiores.

Todos los jovenes están cada vez 9 _____ conscientes de la importancia que tiene la educación y están 10 _____ a prepararse cada día mejor para el futuro.

ESSAY

3 Write in SPANISH, an essay of 100–120 words on ONE of the following.

(a) Write an account of the week that you spent in hospital and the acquaintances that you made.
(b) Write an account of a pleasant surprise you received.
(c) Describe the most interesting Sports Day in which you participated or witnessed at your school.
(d) Write a newspaper report of a traffic accident.

Test papers continue over

Paper II   Basic Proficiency

READING COMPREHENSION

1 Read carefully the following passage which is NOT to be translated, then answer the questions below in SPANISH. Marks will be deducted for answers which constitute material MERELY COPIED FROM THE TEXT.

Fireman Dies in Car Accident

Un capitán del cuerpo de bomberos del municipio de Moca murió antenoche (el 20 de Septiembre) en el hospital Jose María Cabral y López a consecuencia de los golpes que recibió en un accidente automovilístico ocurrido aquí.

Colón, en una motocicleta de su propriedad y al llegar a la avenida Armando Bermúdez, trató de pasar en luz roja y chocó con el carro matrícula 685–225 conducido por el capitán del Ejército Nacional, Pablo Benito Verdugo.

Según las declaraciones policiales el bombero (el motorista)[1] pasó por encima de este vehículo y le cayó encima a la camioneta 449–268 que manejaba Ramón Antonio Serrano Velázquez.

Rodríquez viajaba de norte a sur por la avenida Cristóbal Colón mientras el carro en que viajaba el militar iba de Oeste a Este y la camioneta en dirección contraria, ya que la Armando Bermúdez es de doble vía.

[1] el motociclista

Now answer the following questions in SPANISH. Your answers need not be in sentences, although full answers are expected. Leave a line between each of your answers.

1 ¿En qué fecha murió el bombero? ¿Cuándo?
2 ¿De qué murió?
3 ¿Qué tipo de transporte manejaba el capitán del Ejército Nacional?
4 ¿De quién era la motocicleta?
5 ¿Cómo ocurrió el accidente?
6 ¿Cuántos medios de transporte fueron involucrados en el accidente y cuáles eran?
7 ¿De parte de quién vino el reportaje del accidente?
8 Después de chocar la motocicleta con el carro, ¿qué ocurrió?
9 ¿Desde qué dirección venía el bombero?
10 ¿Qué es la Armando Bermúdez?

DIALOGUE COMPLETION

2 Read carefully the parts of the conversation given below. Then, on your answer sheet, write sentences which in your opinion will appropriately complete the dialogue. Make sure that you number your answers in accordance with the numbers given.
Do not simply write *sí* or *no*.

Peter from St. Vincent has just made the acquaintance of a friendly waiter from Peru who is anxious to practise English with him, but first they speak in Spanish.

Peter: Podemos hablar inglés siempre que usted quiera.
Mesero: Muchas gracias, 1 _____.
Peter: Ah sí, es necesario practicar, pero usted habla muy bien ¿2 _____?
Mesero: Trabajé varios años en el Canadá y lo aprendí allí.
Peter: 3 _____
Mesero: Soy peruano.
Peter: ¿4 _____ cuando llegó al Canadá?
Mesero: Al llegar al Canadá, no. Pero para adaptarme tuve que aprender el idioma rápidamente.
Peter: ¿5 _____ en el Canadá?
Mesero: Sí, bastante. Había muchos compatriotas.
Peter: ¿Encontraste trabajo fácilmente?
Mesero: Sí, 6 _____.
Peter: ¿Nunca ha pensado en su propio negocio?
Mesero: Sí, pero lo malo es que 7 _____.
Peter: ¿Cuánto dinero necesita para establecerse?
Mesero: Cuarenta mil pesos.
Peter: ¿8 _____?
Mesero: Me gustaría comenzar con un pequeño restaurante o con una pensión. Es que trabajar para alquien toda la vida no es bueno.
Peter: ¿9 _____?
Mesero: Después de establecer mi negocio me casaré.
Peter: ¿10 _____?
Mesero: Sí, voy a casarme con una peruana que conocí en el Canadá. Ella llegará a San Vicente el año que viene.
Peter: Bueno, Juan, que disfrute de su estancia aquí y que tenga éxito con sus planes. Hasta la vista. ¡Seguiremos con la práctica pero en inglés!

LETTER

3 Write in SPANISH a letter of 100–120 words on ONE of the following topics.

(a) Write a letter to a Latin American pen friend describing your school, the teachers and friends you have, and the subjects offered. You are curious to know if his/her school and the educational system of his/her country are different to yours.

(b) Write a letter to your grandmother expressing your regret that you will be unable to spend Christmas with her as planned. Explain the reasons for this and the alternative plans that you have.

(c) Write a letter to your aunt in which you express your desire to live with her because of problems at home. Describe these problems and try to convince her that it would be best for you to live with her.

(d) Write a letter to your favourite teacher telling him/her of your success in your exams, thanking him/her for the extra help you received. Inform him/her of your present plans.

Paper III   Basic Proficiency

SHORT RESPONSES

1 Write ONE sentence, in SPANISH, giving a suitable response to each of the situations given below. (Do NOT translate the sentences given).

1 You have just parked your car and a policeman approaches and tells you that you should not have parked at that spot. What does the policeman say?
2 You are in a bus travelling from Santander to Medellín and wish to know how long the journey will take. How would you ask for this information?
3 The banks are closed; you are at the airport. You want to change some foreign currency. What do you ask the attendant at one of the airport shops?
4 At the Tourist Office in Mexico, Anton wants to know the opening and closing hours of the museum. What does he say?
5 You wish to know if there is a charge to visit the museum. What do you say?

CLOZE TEST

2 In the following passage some words or phrases have been omitted. Read the entire passage carefully. Then, on your answer sheet write the appropriate words or phrases which in your opinion will complete the sense of the passage. Make sure that you number your answers in accordance with the numbers given.
   Attention should be paid to grammatical correctness.

José y Ana 1 _____ a la calle 45 a la 2 _____ de reservaciones que 3 _____ cerca del Hotel Olympia. Ellos 4 _____ reservar dos asientos en el autobús para la excursión de la isla entera.
   Cuando ellos llegaron quedaron sólo dos asientos.
– ¡Qué 5 _____ que llegamos 6 _____ tiempo! – dijo José.
   Ana estaba muy 7 _____ porque a ella le 8 _____ mucho las excursiones al campo.
9 _____ el domingo y salieron de excursión. 10 _____ llegar a la playa tomaron el sol, pescaron, remaron y recorrieron el lugar.
   Cuando regresaron a la ciudad 11 _____ era de noche y todos 12 _____ sueño.

ESSAY

3 Write an essay in SPANISH of 100–120 words on ONE of the following:

1 Write a feature story for a newspaper or magazine on an important person in your community or country.
2 Your mother left you at home with your baby brother. You became absorbed in a telephone conversation and you left him unattended. Suddenly he reappeared with an empty bottle. Write an account of the situation and how you dealt with it.
3 You helped plan a Christmas party at school. Describe the preparations you made and the activities and entertainment at the party.
4 You were walking in the street and witnessed a young lady fall and hurt herself badly. Write an account of the assistance you rendered and the outcome of the situation.

Paper IV Basic Proficiency
READING COMPREHENSION

1 Read carefully the following passage which is NOT to be translated, then answer the questions below in SPANISH. Marks will be deducted for answers which constitute material MERELY COPIED FROM THE TEXT.

Había una vez un organillero que sólo se ganaba la vida tocando su pequeño órgano mientras que su monito bailaba, pero como tocaba tan mal nadie lo quería.

Pero un día, dijo:
– Ojalá fuera como en los cuentos que aparece un hada.

Y a su gran sorpresa de pronto aparecieron tres estrellas fugaces y venían hacia él. Poco a poco se fueron convirtiendo en hermosas hadas. El las vio y se asustó, pero luego se les acercó y las preguntó:
– ¿Son ustedes hadas?
y le contestaron:
– Sí, cumplimos con tu deseo.
– ¡Oh, gracias! – dijo él.
– ¿Qué quieres? – dijeron las hadas.
– Quiero ser feliz.
– ¿Y en qué forma?
– Quiero tocar mi órgano con más melodía.

La hada más pequeña agitó su varita mágica y en el abrir y cerrar de los ojos el organillero empezó a tocar como un maestro.
– ¡Qué bien! – dijo la hada, – nos vamos pero si nos vuelves a necesitar da tres vueltas con esta varita mágica y bajaremos.

Con lo que ganó pudo comer, pero todavía no era muy feliz y entonces dio tres vueltas con la varita mágica y aparecieron las hadas y les dijo que quería vivir más cómodo y ser famoso y las hadas cumplieron con su deseo.

Primero le dieron una casa con todas las comodidades. Segundo, le dieron un hermoso piano. El reunía a sus amigos en la casa hasta que llegó el día en que se convirtió en el mejor pianista del mundo.

Now answer the following questions in SPANISH. Your answers need not be in sentences, although full answers are expected. Leave a line between each of your answers.

1 ¿Por qué no se ganaba mucho el organillero?
2 ¿Quién acompañaba al organillero?
3 ¿Qué quería el organillero?
4 ¿Quiénes podrían ayudarle a cumplir con su deseo?
5 ¿Qué le regalaron primero las hadas?

Questions continue over

6 ¿Cómo podría llamar a las hadas?
7 ¿De dónde vendrían?
8 ¿Por qué todavía no resultó estar contento el organillero?
9 ¿Qué recibió entonces de sus benefactores?
10 ¿Qué llegó a ser el organillero al fin y al cabo?

DIALOGUE COMPLETION

2 Read carefully the parts of the conversation given below. Then, on your answer sheet, write sentences which in your opinion will appropriately complete the dialogue. Make sure that you number your answers in accordance with the numbers given.
Do not simply write *sí* or *no*.

Two boys are playing in the street. A motorist who was driving very fast swerves to avoid a dog, mounts the sidewalk and hits one of the boys. A crowd gathers and a policeman arrives on the scene.

Policía: Usted excedió la velocidad permitida. Muéstreme su licencia de conducir (permiso).
Automovilista: Lo siento 1 _____.
Policía: Ajá ..... ¿su nombre por favor?
Automovilista: 2 _____.
Policía: ¿3 _____?
Automovilista: ¿Mi dirección? La calle Sótano, número 20.
Policía: ¿Qué pasó? ¿Cómo ocurrió el accidente?
Automovilista: 4 _____.
Policía: Tiene que presentarse al Tribunal, señor.
Automovilista: 5 _____.
Policía: El 16 de julio a las 10.

(In the meantime the crowd surrounds the injured boy.)

Circunstante: 6 _____ El chico está sangrando.
¡Doctor! ¡Doctor! ¿Hay un médico por aquí?
(*Un hombre aparece*): 7 _____. Puedo examinarle.
El Doctor: 8 _____, ¿chico?
Chico: Señor Doctor, tengo un dolor terrible.
Doctor: 9 _____.
Circunstante: Ya lo hemos hecho. Ya viene, oiga.

(*Suena la sirena; la ambulancia llega y dos enfermeros bajan con una camilla*)

Una mujer: Oh, se ha desmayado el chiquillo.
Doctor (*a los enfermeros*): 10 _____.

LETTER

3 Write in SPANISH, a letter of 100–120 words on ONE of the following topics:

(a) An important person has just ended a visit to your country. Write to your uncle/aunt telling him/her of the visit. Mention the reason for the visit and also describe the reception at the airport, and the main event of the person's stay.

(b) Write a letter to your friend abroad about the changes that have taken place in your country. Try to encourage him/her to return home.

(c) Write to your pen-friend and describe the Christmas customs in your country and enquire if the customs in his/her country are different. You may include your family's plans for the Season.

(d) Write a letter to a proprietor of a restaurant complaining of the poor service that you received there. Give details.

Test papers continue over

Paper I   General Proficiency

Answer all questions

CLOZE TEST

1   In the following passage some words or phrases have been omitted. Read the entire passage carefully. Then, on your answer sheet write the appropriate words or phrases which in your opinion will complete the sense of the passage. Make sure that you number your answers in accordance with the numbers given.
    Attention should be paid to grammatical correctness.

A Spaniard tries to cope with Mexican spelling
– Me voy a México – dijo el turista español que visitaba los Estados Unidos
– Allá no tendré dificultades con 1 _____, no quiero seguir sufriendo aquí con el inglés.
   Y muy alegre 2 _____ su maleta y revisó su pasaporte. Estaba todo en orden.
   Sus apuros empezaron cuando 3 _____ de leer los primeros letreros. Pocotepetl, Netzahaulcoyotl, Tlanlnepantla. Le parecían 4 _____, y para él lo eran. Y sobre 5 _____ tuvo dificultades con la "x". Se burlaban de él cuando pronunció "MEKSICO". Pero, ¿por qué se ríen? ¿No 6 _____ escribe así?
¿Qué se pronuncia "Méjico"? Bueno, bueno aprenderé la lección y diré "Méjico".
   Desde entonces pronunció fuerte la letra 7 _____, como si fuera a desgarrar su garganta.
– Quiero ir mañana a Jochimilco; dicen que es un hermoso lugar.
– Por aquí no hay 8 _____ que se llame Jochimilco. Usted sin duda quiere 9 _____ Sochimilco"
– ¡Qué raro! – pensó el turista y apuntó en 10 _____: Se escribe Xochimilco y 11 _____ Sochimilco. ¿Qué? nunca voy a lograr comprender el uso de la X.
   Cada vez lo hago 12 _____ en vez de mejor, y todo el mundo se ríe, disimuladamente, eso sí, pero se ríe.

ESSAY

2 Write in SPANISH, using the PAST TENSE, as essay of 150–160 words on ONE of the following:

1 You were a passenger in a rowing boat which capsized. Write an account of how you reached safety and describe the experience.
2 The previous day was a very difficult one for you. Everything seemed to go wrong. Describe the day and how everything was resolved in the end.
3 Yesterday it rained very heavily. The Headmaster/Headmistress was obliged to close school early. Write an account of the difficulty you experienced getting home and the concern of your parents.
4 You were talking to a stranger by the poolside and lost sight of your baby sister who jumped in. Write an account of the sequel to this situation.

Paper 1 continues over

PICTURE COMPOSITION

3 Write in SPANISH in the PAST TENSE, using 150–160 words, the story told in the series of pictures below. Be sure to include each picture in your story.

Paper II   General Proficiency

READING COMPREHENSION

1   Read carefully the following passage which is NOT to be translated, then answer the questions below in SPANISH. Marks will be deducted for answers MERELY COPIED FROM THE TEXT.

El carnaval es una fiesta tradicional para muchos de los pueblos de América Latina y de otras partes del mundo. Su origen data de hace cientos de años y se presenta en forma diferente según las costumbres de cada país.

En la parte sur oriental de Venezuela, desde hace mucho tiempo el Carnaval se celebra con comparsas y un tipo de música llamado calipso. Las comparsas son grupos de personas bastante numerosos que se disfrazan siguiendo una idea determinada con anterioridad. Estas comparsas son acompañadas por bandas musicales que interpretan, sobre todo, calipsos.

El ritmo y la melodía del calipso suelen ser sumamente alegres y contagiosos ..... Tiene su origen del área del Caribe y, en especial, de Trinidad y Tobago. El Callao, lo ha adoptado, y se ha convertido en la música destinada a la celebración de esta fiesta popular.

El calipso existe en Venezuela por más de 100 años. Y allá, acompañados de tambores, de "maracas" hechas de latas de aceite y granos de maíz, de "guiros", al son de un contagioso calipso que tiene algún tema de actualidad, se baila, se canta y se toca de día y noche. Dentro de esta animación no puede faltar el típico desayuno en el mercado, compuesto por "domplines" (panecillos dulces de harina), queso blanco y una buena taza de café con leche.

Desde enero para ofrecernos lo mejor de ellos mismos, las comparsas comiezan a elaborar sus disfraces multicolores y a ensayar su calipso. porque ya es suyo, junto a otra serie de costumbres que nos han llegado desde pueblos vecinos y hoy crecen y se transforman como para de tradición de nuestro país.

Now answer the following questions in SPANISH. Your answers need not be in sentences, although full answers are expected. Leave a line between each of your answers.

1   ¿Cuánto tiempo hace que existe El Carnaval?
2   ¿Qué hacen las comparsas?
3   ¿Cuál es la música favorita de los conjuntos durante esta temporada?
4   Describa los instrumentos improvisados tocados en esta ocasión.
5   ¿De qué suele tratar las palabras de la música?
6   ¿Aparte de la música, ¿qué es muy típico de las celebraciones?
7   ¿Cuál es el ambiente usual del Callao durante el carnaval?
8   ¿Desde cuándo empiezan las preparaciones de los disfraces?
9   ¿Cuándo empiezan los cantantes a practicar su calipso?
10 ¿Hay carnaval en su país? ¿Cómo es?

TRANSLATION

2 Translate the following passage into SPANISH.

Violeta and Antonio lived with their grandmother in Maracaibo. She had gone out very early in the morning to sell eggs, meat, vegetables and coffee and would not be back until very late. The children were very frightened because they had just heard an announcement on the radio that the storm was approaching. The rain was pouring down. Suddenly there was a flash of lightning followed by a loud clap of thunder.

The children trembled and ran under the table. "If we hurry we should be able to get to Pablo's house. We can wait there until Grandma returns." "That's a good idea," said Violeta.

Terrified they held each other's hand and ran out into the night. They knew the road quite well, and they knew that they would be welcome.

The house was down a very narrow lane and there was just one light shining in the living room. Antonio knocked at the door while the other two huddled together.

"Come in," said a familiar voice, "the door is open."

LETTER OR DIALOGUE

3 Write 150–160 words in SPANISH on ONE of the following. Be sure to use tenses which are appropriate to the topic which you have chosen.

1 You are a new student at school. Write a dialogue between yourself and the other students in which you answer their queries as to where you are from, etc.
2 You are trying to sell a product (perhaps a set of *Encyclopaedia Britannica*). Write a conversation between yourself and the prospective client in which you try to convince him/her of the value of the item and why he should buy it.
3 Write a letter to your friend from the hospital bed. Explain that you are about to undergo an operation and are asking him/her to do some errands for you.
4 Write a letter to a friend who has recently left to go to a new school abroad. Write asking how he/she is adapting to the new school and give him/her the latest news at school, incidents of common interest, etc.

Paper III   General Proficiency

CLOZE TEST

1 In the following passage some words or phrases have been omitted. Read the entire passage carefully. Then, on your answer sheet write the appropriate words or phrases which in your opinion will complete the sense of the passage. Make sure that you number your answers in accordance with the numbers given.

Attention should be paid to grammatical correctness.

Una señora 1 _____ hoy que su hijo enfermo de 11 años de 2 _____, desapareció 3 _____ tres meses. La señora Anita Molina espera que las autoridades le 4 _____ a encontrarlo.

Su hijo estuvo 5 _____ en el hospital público después de sufrir de un 6 _____ de epilepsia.

El muchacho es de 7 _____ obscuro, 8 _____ una cicatriz en la frente. 9 _____ se escapó él 10 _____ un pantalón corto con camisa 11 _____. También estaba descalzo. Su madre espera que 12 _____ persona que 13 _____ el paradero[1] de 14 _____ hijo se 15 _____ avise inmediatamente.

1 donde se halle

ESSAY

2 Write in SPANISH, an essay of 150–160 words on ONE of the following:

1 Write an account of an international football match in which a fight breaks out on the field. Write an article for the daily newspaper describing the match. You may also condemn the behaviour of the players and exhort the merits of good sportsmanship.
2 You have just been given a new motor bike/bicycle. Write an account of your first excursion. Describe where you go and what you see.
3 Paco has just bought an item in a store and on leaving he collides with someone at the door and the packages get mixed up. Paco discovers this on his return home. Write an account of the incident and what happened after.
4 You were in a store trying on several pairs of earrings. You then caught sight of a friend. After the conversation you absentmindedly left the shop. You were accosted at the door and accused of theft. Describe the situation and the outcome.

PICTURE COMPOSITION

3 Write in SPANISH in the PAST TENSE, using 150–160 words, the story told in the series of pictures below. Be sure to include each picture in your story.

Paper IV General Proficiency

READING COMPREHENSION

1 Read carefully the following passage which is not to be translated then answer the questions below in SPANISH. Marks will be deducted for answers which constitute material MERELY COPIED FROM THE TEXT.

Desaparición

Un agricultor en el paraje Los Ladrillos, denunció la desaparición de una hija suya desde el día 11 del presente mes.

Eladio Valdes dijo que su hija Alicia Valdes Espinosa de 18 años de edad venía dando demostraciones de tener problemas mentales, una semana antes de desaparecerse.

Agregó el agricultor Valdes que su hija fue vista la última vez el pasado día diez en la Sección Los Copayes, y que ha visitado todos los centros de salud y los destacamentos de la región Suroeste, pero que no ha dado con su paradero.

Indicó que al momento de salir de la casa la joven de color indio claro, pelo crespo, de estatura mediana, vestía pantalones azules, blusa roja y tenís rosados.

Now answer the following questions in SPANISH. Your answers need not be in sentences, although full answers are expected. Leave a line between each of your answers.

1 ¿Cómo se enteró la policía de la desaparición de Alicia?
2 ¿Desde cuándo había desaparecido la hija?
3 ¿Dónde la había buscado el padre?
4 ¿Cuál era la razón de la desaparición según el padre?
5 ¿Cómo era la joven?

TRANSLATION

2 Translate the following passage into SPANISH.

On the 16th June, 1891, Jose Antonio sat outside the Manager's office very nervous. It was the first interview in his life and he wanted the job very much. The secretary smiled and said to him. "Take a seat until the manager comes. He will not be long."

A few minutes later the manager arrived. He was a middle-aged man with a paunch and grey hair.

"Who is this young man?" he asked.

"He is a graduate from the University of the West Indies. He says he knows Spanish very well. He has been waiting an hour to see you."

"I am sorry. Tell him to come in."

"Good morning young man," said the Manager. "My secretary told me that you speak and write Spanish very well. I am looking for someone who can translate our Spanish correspondence and who can talk on the phone in Spanish to our clients. Do you think that you are capable?"

"Of course," said Jose Antonio eagerly, "I lived in El Salvador for five years, my father is from Santo Domingo and I studied Spanish at the University."

"Very good," said the Director. "Come on Monday at 9 a.m. and you will start working immediately. We have a lot of work to do."

Jose Antonio smiled happily. "Thank you very much, Sir."

LETTER OR DIALOGUE

3 Write 150–160 words in SPANISH on ONE of the following. Be sure to use tenses which are appropriate to the topic which you have chosen.

1. You have just encountered a long lost friend. Write a conversation between yourself and the friend in which you exchange news on what you have been doing over the last few years.
2. Write a dialogue between yourself and your father in which you argue that you wish to find a job rather than go to University. He tries to impress on you the importance of going to University.
3. Write a letter to your aunt in which you express your desire to live with her because of problems at home. Describe these problems and try to convince her that it would be best for you to live with her.
4. Write a letter to your favourite teacher telling him/her of your success in your exams and thanking her/him for the extra help you received. Inform him/her of your present plans.

Answers

Short Responses

1 ¡Abra Vd. la ventanilla por favor!
  ¿Quiere Vd. abrir la ventanilla?
  Hágame el favor de abrir la ventanilla.
  ¡Qué calor!, ¿puede Vd. abrir la ventanilla?
2 Sólo tengo dólares americanos, ¿dónde se consigue cambio?
  ¿Acepta Vd. dólares americanos?
  ¿Cuánto vale (cuenta) en dólares americanos?
3 Lo siento, no aceptamos libras esterlinas.
  Lo siento, pero ¿tiene Vd. pesos mexicanos?
  Sólo aceptamos pesos, es mejor cambiar su dinero en un banco.
4 ¿Cuál es el tipo de cambio?
  ¿Puede Vd. cambiarlos en dinero venezolano (bolívares)?
  Quisiera cambiar este dinero.
  ¿Me lo puede cambiar en dinero venezolano?
5 Lleva tu paraguas, Anita, está lloviendo.
  Está lloviendo Anita, tienes que llevar un paraguas.
  Llévate el paraguas, Anita.
6 No puedo darte dinero hoy, ¿quieres llevar un bocadillo?
  Come suficiente antes de irte porque hoy no tengo dinero.
7 Camarero, ¿por favor nos puede traer la cuenta?
  Camarero, tráiganos la cuenta, por favor.
  Denos la cuenta por favor.
8 Perdóneme, hable Vd. un poco más despacio porque no le entiendo bien.
  Por favor, yo no hablo español muy bien. ¿Puede Vd. repetir un poco más despacio?
  No comprendo, repítalo, por favor.
9 Carlitos, lávate las manos.
  Tienes las manos sucias: anda a lavártelas.
  ¿Te has lavado las manos?
  No te has lavado las manos, vete a lavártelas.

107

10 Su pasaporte, por favor.
    ¿Cuánto tiempo va Vd. a estar aquí?
    ¿Cuál será su dirección mientras esté aquí?
    ¿En qué hotel va a hospedarse?
11 ¿Tiene Vd. algo que declarar?
    ¿Este es su equipaje señor?
    Abra Vd. su maleta por favor.
12 ¿Quieres pasarme la salsa?
    ¿Hay más salsa?
    Pásame la salsa.
    La salsa, por favor.
13 ¿Cuánto cuesta aquella blusa?
    ¿Cuánto cuesta la blusa que está en la vidriera?
    ¿Cuál es el precio de aquella blusa?
    Aquella blusa, ¿cuánto vale?
14 Lo siento, el asiento (la silla) está ocupado(a).
    Este asiento (silla) está ocupado(a).
15 Permiso.
    Perdón.
    ¿Está libre este asiento?
    Dispénseme, ¿está ocupado(a)?
16 ¡Date prisa que ya es tarde!
    Apresúrate o llegaremos tarde.
    Apúrate que pronto empieza el partido.
17 Aquí está mi pasaporte (cédula de identidad).
    Lo siento, no tengo el pasaporte conmigo, lo he dejado olvidado en el hotel.
    Lo olvidé, pero aquí tengo mi licencia (permiso) de conducir, olvidé mi pasaporte.
18 ¿Puede Vd. decirme dónde me bajo para ir a la oficina casa de correos?
    ¿Dónde tengo que bajarme para ir a la (oficina)/de correos?
    ¿Puede Vd. decirme dónde está la oficina de correos?
    ¿Puede Vd. indicarme dónde queda la oficina de Correos?
    ¿Cuál es la parada del Correo?
19 Lo siento mucho. No pude ir anoche porque tenía dolor de cabeza.
    Tengo que darte mis excusas por no haber ido anoche. Tenía un terrible dolor de cabeza.
    Discúlpame por no haber ido.
    Ayer no pude ir a tu fiesta porque estaba enferma.
20 Camarero, ¿dónde se encuentra el servicio?
               ¿dónde puedo encontrar el baño?
21 Tú nunca pones atención . . .
    Por estar jugando no escuchas.
    ¿No sabes la respuesta? Claro, porque estás jugando.
    ¿Por qué no prestas atención?

22 ¡Qué gusto verte! ¿Cómo te ha ido?
 ¡Hace mucho tiempo que no te veo! ¿Cómo estás?
 ¡Cuánto me alegro de verte!
 Al fin llegas, ya pensé que no venías.
23 ¿Qué tiene Vd. que declarar?
 ¿Es suya esa maleta?
24 ¿Cuánto cuesta la docena?
 ¿A cómo se vende la docena?
 ¿Cuál es el precio de estas naranjas?
 ¿A cuánto están?
25 ¡Buen provecho, buen apetito!
 ¡Que le aproveche!
26 ¿Nos falta alguien?
 ¿Estamos todos aquí?
 ¡Revisen a ver si falta alguien!
27 Señorita, no funciona el ascensor.
 No funciona, señorita, tiene que usar las escaleras.
28 ¿El bus para el Zócalo pasa aquí?
 ¿Cojo el bus aquí para el Zócalo?
 ¿Es ésta la parada del Zócalo?
 ¿Aquí se coge el bus que va a Zócalo?
29 ¿Qué van a tomar Vds.?
 ¿Desean tomar algo?
 ¿Qué desean tomar?
30 ¿Tiene Vd. algo para dolor de cabeza?
 Deme un sobre de aspirinas, una cajita de aspirinas.
 ¿Tiene aspirinas?
31 Encantado (de conocerte/le).
 Mucho gusto (en conocerte/le).
 Me alegro (en conocerte/le).
32 Adiós, hasta luego.
 Me alegro de (haberte/le) conocido.
 Hasta la vista.
33 ¡Tanto tiempo sin verte!
 ¡Qué caro te vendes!
 ¿Qué tal?
 Hace mucho tiempo que no te veo.
 Estabas escondido/a.
34 Pon el reloj para las seis, por favor.
 ¿Puedes despertarme a las seis?
35 Esta noche nos veremos.
 Hasta la noche.
 Nos vemos (veremos) más tarde.
36 No la enciendas (no la pongas), está durmiendo el niño.
 ¡No!, que despiertas al niño!
 ¡Vas a despertar al niño!

37 ¿Cómo fue el examen?
   ¿Qué tal pasaste el examen?
   ¿Cómo quedaste con el examen?
38 ¿Qué fecha es hoy?
   ¿Cuál es la fecha de hoy?
   ¿A cuántos estamos hoy?
39 ¿No te gusta la sopa?
   ¡Toma la sopa, es muy buena!
   ¿Está demasiado caliente?
   ¿Por qué no tomas la sopa?
40 ¿Dónde está/queda/se halla la oficina de turismo?
41 Quiero alquilar una habitación. (quisiera)
   ¿Tiene Vd. una habitación para alquilar?
   ¿Hay habitaciones libres aquí?
   ¿Cuánto es el alquiler?
42 Adiós Carlos, ¡buen viaje!
   Adiós Carlos, ¡que la pases bien!
   ¡Que disfrutes tu viaje!
   ¡Que te vaya bien!
43 ¿A Pablo? ¡Claro que lo conozco!
   Sí, lo conozco muy bien.
   Sí, es buen amigo mío.
44 Me voy dentro de cinco minutos.
   Dentro de cinco minutos llegará mi papá.
   Pronto me voy ..... mi papá llega dentro de cinco minutos.
45 ¿Cuál es tu nueva dirección?
   ¿Dónde está situada tu casa?
   ¿Dónde vives ahora?
46 ¿Me das tu número de teléfono?
   ¿A qué número te llamo?
   ¿Cuál es tu número de teléfono?
47 ¡Tú por aquí!
   ¡Qué sorpresa!, María.
   ¿Qué haces aquí?
   ¿Andas perdida?
48 Me han robado la cartera/la bolsa, etc.
   He perdido la cartera.
   Perdí la cartera
49 ¿Dónde pongo el televisor, señor/señora?
   ¿En qué lugar le pongo el televisor?
   ¿Aquí está su televisor, ¿dónde lo pongo?
50 ¡Póngala aquí, por favor!
   ¡Póngalo la en aquel rincón (refrigerador, nevera).
51 ¿En dónde te quedaste?
   ¿En dónde te hospedaste?

52   Cómo pasaste las vacaciones
¿Saliste de noche?
¿Te divertiste mucho?
53   No es nada.
No se preocupe.
Está bien, no hay problema.
54   Lo siento. No soy de esta ciudad.
Lo siento, no sé donde está.
Lo siento, no soy de aquí.
55   Quiero ir a Panamá.
Quisiera ir a Panamá.
Quisiera un pasaje de ida y vuelta a Panamá.
56   ¿Cuándo me la vas a presentar?
¿Cuándo vas a presentármela?
Quiero que me la presentes.
¿No vas a presentármela?
57   ¿Cuál prefieres, el cine o el teatro?
¿Adónde quieres ir esta noche, al teatro o al cine?
¿Vamos al cine o al teatro?
58   ¿Por qué te ríes?
¿Qué te pasa?
¿Tengo mono en la cara?
59   Echo un grito de alegría.
Aplaudo.
Me pongo de pie y grito.
60   Lleva a la niña al cuarto de baño y la baña.
Baña a la niña.
61   Le quito la ropa a mi hermana y la limpio.
62   Barro el suelo.
Recojo los vidrios.
63   La pone en la estufa para calentarla.
La calienta en la estufa.
Se niega a comerla.
64   Le da algo de comer.
Le da leche.
65   Hubo avería en la corriente.
Mi hermanito apagó la luz.
Hubo corto circuito.
Hay un apagón.
Se fue la luz.
66   Se había fracturado una pierna.
Se había descompuesto una pierna.
Se había deslocado un tobillo.
67   Los jugadores salen corriendo del campo.
Todos se echan a correr hacia las gradas.

68. No sé nadar.
    Tengo un resfriado.
    Tengo catarro.
69. Voy a un empleado y se lo pregunto.
    Pregunto a cualquier(a) persona que esté a mi lado.
70. No comprendí el anuncio ¿puede Vd. repetírmelo?
    ¿Puede decirme lo que ha dicho el anuncio?
    ¿Señora anunciaron que está (viene) atrasado el vuelo?
71. Lo siento, señor, pero no quedan entradas.
    No hay más asientos esta noche.
    No hay asientos desocupados.
72. Salta la lagartija y asusta a la niña.
    Se desmaya.
73. No, gracias, solamente fumo en pipa.
74. ¡A su salud!
75. ¡Llene esta solicitud, por favor!
76. No tengo pilas para mi grabadora, ¿puedes prestarme unas?
    Préstame tu grabadora, no tengo pilas para la mía y quiero grabar un programa.
77. Ven a revisar mi grabadora, no funciona.
    No funciona mi grabadora, préstame la tuya.
    ¿Puedes reparar mi grabadora?
    ¿Sabes reparar grabadoras?
78. Se avisa a los estudiantes del colegio de ..... que las clases están suspendidas hoy.
    Hoy quedan suspendidas las clases.
79. Prohibido el paso al puente por la lluvia.
80. Retrocede.
    Toma otra dirrección.
    Toma un desvío.
81. Iría a reportarlo a la comisaría.
    Pediría a los organizadores que anunciaran la pérdida (desaparición) de mi sobrino.
82. Mi hermano pidió perdón y dijo que devolvería el dinero.
83. Llamaría a los bomberos.
    Avisaría a los vecinos.
84. Llamaré por teléfono a la policía.
    Gritaré por ayuda.
85. Le pediría prestado el dinero a un amigo en la cola.
    Regresaría a casa a buscar el billetero/el dinero.
86. Le pediría a alguien que me llevara a la bomba de gasolina.
    Le pediría a alguien un poco de gasolina para llegar hasta la bomba.
    Pediría una bolita[1]/una cola al lugar de la cita
    ([1]Regionalism Cuba and Panama).

87   Le pregunto al agente si tiene su nombre en la lista de pasajeros.
     Vuelvo a casa.
88   Llama a la policía.
     La denuncia a la policía.
     La despide inmediatamente.
89   El da sus excusas.
     Lleva el perro al veterinario.
     Me paga la atención médica.
     Se da a la fuga.
90   Saltamos del árbol.
     Nos escondemos en las ramas.
     Pedimos permiso para coger los mangos.
     Pedimos perdón.
91   Te llamo para expresarte mi más profundo pésame.
     Quisiera expresarte mi más profundo pésame.
92   En nombre de mis colegas quiero darte este regalo como símbolo de nuestra amistad.
     Acepta este regalito como muestra de nuestro aprecio.
     Quisiera darle este obsequio en nombre de mis compañeros.
93   Lo siento mucho. Me equivoqué de número.
     Disculpe que le haya molestado.
94   Ayer el partido entre el Perú y Colombia terminó en un empate.
     Ayer el partido entre el Perú y Colombia quedó empatado.
95   Mamá, me han escogido para el equipo. ¡No puedo creerlo!
     Fíjate/Figúrate que . . . . .
96   ¿A qué hora debo pasar por ti?
     ¿A qué hora te recojo?
     ¿A qué hora te vengo a buscar?
97   Necesito una visa por dos semanas.
98   Por favor, señor, firme aquí.
     Me hace el favor, su firme.
     Me hace el favor de firmar.
99   ¿Cuántas palabras escribe Vd. por minuto?
100 Bienvenidos a Jamaica.
     Es un gran placer darles la bienvenida a Jamaica.
     Estoy encantado/a de recibirles.
101 ¡Mira papá! quiero ese vestido.
     ¡Cómprame ese vestido, Papá!
102 Señor, por favor está prohibido fumar aquí.
     Se prohibe fumar aquí.
103 Por favor, niños, cállense, hacen demasiado ruido.
     Vayan a hacer ruido a su casa.
104 Juanita, ven a arreglar/limpiar tu cuarto.
     Pon en orden tus cosas.
105 ¿Puede prepararme esta receta?

106 Por favor, señores, cállense.
    Por favor, no hagan tanto ruido.
107 Por el amor de Dios, una limosna.
    ¿Me puede dar una ayuda?
108 Esperaría quince minutos para ver si me alcanzan.
    Regresaría a casa.
    Regresaría a ver qué les había pasado/sucedido.
109 Alzo las manos.
    Tiemblo de miedo.
    Me desmayo.
    Trato de escapar por la puerta para advertir a la policía.
110 Voy a buscar al conductor y le explico la situación.
    Decido bajarme en la pròxima estación y regresar.
    Le pido al conductor si puedo llamar a la estación en donde subí para avisar a mis amigas.
111 Regresaré inmediatamente a la tienda para devolverlo.
112 Lo cojo.
    Trato de vendar el herido.
    Si está muerto, lo entierro.
113 No me encuentro bien.
    No me siento bien/me siento muy mal.
114 ¡Compruebe las ruedas y écheme (un bote de) aceite!
115 Lo invertiré en negocios.
    Compraré un coche "Toyota"
    Lo guardaré en el banco
116 Tienes que perder peso.
    Voy a ponerte a dieta.
117 Yo prepararé la bebida.
       Limpiaré la casa.
118 ¡Qué buenos eran los actores!
    ¡Qué buena actuación han tenido!
    ¡Qué bien desempeñaron su papel!
119 Aseguro que estén limpios los tragantes.
    Voy a comprar comestibles y velas.
    Aseguro las puertas y ventanas.
    Compro pilas para la radio.
120 Le pido al mozo que cambíe la comida/que me traiga otra comida.
    Se me quita el apetito.
    Me levanto y no pago.
121 Que lea bien las preguntas.
    Que salga bien en el examen.
    Que no se ponga nervioso.
    Buena suerte en el examen.
122 Ella le castigó.
    Le llevó al director.
    Se rió.

123 ¿Me permite pasar?
    Permiso, señora.
124 Le/te agradezco mucho su/tu hospitalidad.
    Ha/has sido muy amable conmigo.
125 Te invito a bailar.
    ¿Quieres bailar conmigo?
    ¿Me permite una pieza?
126 Prohibido dar comida a los animales.
127 Quiero/quisiera hacerme miembro de esta biblioteca.
    Quiero inscribirme en la biblioteca.
    Quiero asociarme a esta biblioteca.
128 ¿Te sientes mejor, abuelita?
    ¿Cómo estás abuelita?
129 ¿Cuánto va usted a cobrarnos?
    ¿Cuánto cuesta hospedarnos?
130 Me ensuciaste todo.
    Me has ensuciado el vestido.
    No te preocupes, se puede limpiar.
131 Pruébelo/la.
132 ¡Qué rico/sabroso/delicioso es!
133 ¡Dios mío, no es mía!
    ¡Qué barbaridad!
    ¡Qué voy a hacer!
    Me equivoqué de maleta, ¡qué tonto! (a).
134 ¿Qué día pasan a recoger la basura?
    ¿Qué día pasa el basurero?
135 ¿Qué te pasa, chica?
    ¿Por qué lloras?/¿De qué lloras?
136 ¡Me han robado!
    ¡Ladrón (ay de mí)!
    ¡Mi collar, deme mi collar!
137 Quiero un reembolso inmediatamente.
    ¡Qué mala organización!
138 Regresé a la tienda y devolví el dinero.
139 ¡Qué mal servicio!
    ¿Están haciendo el pollo?
    Esto no lo aguanto más.
140 Felicitaciones, ¡qué sean felices!
    ¡qué Dios les bendiga!
    qué pasen juntos una vida felícisima.
141 ¡No te preocupes!
142 Hablaría con los otros pasajeros.
    Leería una novela o una revista.
    Dormiría en algún asiento.
143 Síganme, por favor.
    Por aquí, señores.

115

144 El examen me ha cortado/quitado el apetito.
    Se me fue el apetito por el examen.
145 Se lo llevaron en una camilla.
    El fue llevado en una camilla.
146 O Mamá, ¡qué mucho te echaba de menos!
    ¡te extrañé mucho!
    ¡cómo me hacías falta!
147 Los buscaría.
    Pondría un aviso por la radio o en el periódico.
148 Escríbeme pronto.
    No faltes en escribirme pronto.
    No olvides escribirme.
149 Me divertí mucho.
    Pasé/fue una noche muy agradable.
    Gracias por tu hospitalidad.
    Ha sido un verdadero placer estar aquí.
150 Es una verdadera ganga.
    No se puede perder por nada en comprarlo.
151 ¿Cogiste algo?
    ¿Cuántos cogiste?
    ¿Tuviste suerte?
152 Dile a Mamá que llego (llegaré) tarde.
    Dile a Mamá que tengo que quedarme para una reunión.
    Hay una reunión del club está tarde, dile a Mamá que llegaré tarde.
153 ¿Dónde está tu hermano?
    ¿por qué vuelves sola/o?
    ¿Qué de tu hermano?
    ¿y tu hermano?
154 Volví a casa.
    Me puse enojado/a y le grité furiosamente al automovilista.
155 ¿Quién te ha dado permiso para entrar?
    ¿Qué haces aquí – se prohibe entrar en este cuarto.
    ¿Qué quieres?, no se puede entrar por acá.
156 Ella le grita a su hermano diciéndole que conteste el teléfono.
    Sale de mala gana del cuarto de baño con una toalla alrededor del cuerpo para contestar el teléfono.
157 ¿Algo más Pepe? Tengo que hacer unas cosas . . . . . lo siento.
    Lo siento, tengo que terminar la conversación. Hasta la vista.
158 Carmen le dice que se prohibe fumar y le ruega apagar el cigarrillo.
    Le enseña (indica) el aviso y le pide que no fume.
159 Siéntate, mi casa es tu casa/Siéntese, mi casa es su casa.
    Está usted en su casa.
160 ¿Por qué no te sientas con nosotros?
    Ven acá a sentarte con nosotros.
161 El señor no está ahora, pero me pidió que le recibiera.
    Ha tenido que asistir a una conferencia importante.

162 Ahuyentaría a la cabra con piedras y gritos.
Trataría de agarrarla.
Le pegaría para que se fuera.
Me quejaría al dueño de la cabra.
163 Iría a otra habitación
Le pediría que llevara/llevase la radio a otro cuarto.
Le pediría que apagara/apagase la radio.
164 Me molestas con la radio.
¿no ves que estoy haciendo mis deberes?
¡Apaga la radio!
¡Piérdete, que me molestas!
165 Mi papá le lleva en coche a su casa.
Le llama un taxi.
Le lleva a un dormitorio.
166 Este bolígrafo es mío ¿verdad? ¿Dónde lo hallaste?
Perdón, ¿es este bolígrafo tuyo?
Perdí un bolígrafo como éste, ¿es tuyo?
167 Lo siento Mamá,
Se me quebró, Mamá
Me estaba peinando cuando se quebró.
168 El niño había agarrado el mantel hacia abajo y se había quebrado el florero.
169 Te invito.
No te preocupes, te invito.
Tengo bastante dinero, te invito.
170 Vete al supermercado y dile al señor ..... que estoy enferma y no puedo ir hoy.
Estoy enferma, no puedo ir al trabajo hoy. Quiero que vayas al supermercado a explicárselo.
171 Mi madre está enferma y no puede venir hoy.
172 ¡Ay, me duele la pierna!
Tengo un dolor terrible aquí!
¡Ay, no puedo más!
173 Lo siento mucho señorita, pero no hay piso libre.
Lo siento no hay espacio.
Lo siento no hay más cupo.
174 Lo siento mucho, no puedo aceptar la invitación.
Siento mucho no poder acepta la invitación.
175 Todo queda/es igual.
Nada ha cambiado.

Dialogue Completion

Dialogue 1
1 Necesito un par de zapatos.
2 De cuero.
3 Quiero ver unos marrones con tacón alto.
4 Número treinta y ocho.
5 Pruébeselos.
6 Prefiero los negros.
7 me aprietan.
8 estos sí que me gustan/me encantan/me quedan bien/este modelo sí me gusta
9 Sí, me los llevo (me quedo con éstos)
10 Son cuatrocientos pesos, señora.

Dialogue 2
1 ¿Con quién hablo?
2 Quisiera/quiero comunicarme (hablar).
3 ¿De parte de quién?/¿Con quién hablo?
4 No oigo muy bien.
5 Espere un momentito, por favor.
6 La llaman por teléfono.
7 Ya voy.
8 ¿A qué hora vamos?
9 ¿Dónde nos encontramos/(Nos veremos)?
10 Se cortó la comunicación.

Dialogue 3
1 Sí, estoy cansado.
2 Vamos al cine.
3 dinero, yo pago.
4 Bueno, me gustaría verla.
5 Llegaremos tarde (no tenemos tiempo).
6 Pues, vamos en taxi.
7 ¿Adónde quieren ir, señores?
8 Al cine "Tropical".
9 Deme dos entradas, por favor.
10 Tenga usted cincuenta pesos.

Dialogue 4
1 ¿Cuánto tiempo nos quedamos aquí (estaremos)?/¿A qué hora salimos?
2 ¿Qué vas a comprar?
3 ¿Cuánto vale¿/¿Cuánto cuesta?
4 ¿Qué te parece, Julio?

5 Ya he comprado todos mis regalos.
6 ¿Cuántos regalos vas a comprar?/¿Para quiénes vas a comprar?
7 ¿Tenemos tiempo? (¿Tienes tiempo?)
8 ¿A cómo se venden las naranjas?
9 Deme una docena, por favor.?
10 ¿Quiere algo más?

Dialogue 5
1 ¿se le ofrece?/¿Qué desea Vd.?
2 ¡No me diga!/¡Qué lástima!
3 Una docena.
4 ¿A cómo están?
5 Están muy caros/¡Qué caros son!
6 ¿Se le ofrece algo más?/¿Quiere algo más?
7 ¿Cuánto le debo?
8 Está el vuelto.
9 Adiós, señora, hasta la semana próxima.
10 ¡Que las pasen bien!/¡Que se diviertan!

Dialogue 6
1 Bueno, gracias.
2 Una mesa para dos.
3 ¿Qué les traigo a Vds.?
4 ¿Toman (quieren) vino también?
5 ¿Qué pasa?
6 Llama al camarero.
7 ¿Le traigo otro, señor?
8 ¿Quieren Vds. postre, señores?
9 Traíganos la cuenta.
10 ¿Puedo escribir un cheque?

Dialogue 7
1 ¿Por qué llegas tan tarde? Llevo más de una hora esperándote.
2 ¿Ha empezado el partido ya?
3 ¿Has comprado los billetes?
4 ¡Qué cola tan larga!
5 Deme dos entradas, por favor.
6 Dame la mano y sígueme muy cerca/sígueme y quédate muy cerca.
7 ¿Quién marco?
8 ¿Quiénes son?/¿Qué equipo representan?/¿Cuál de los equipos representan?
9 ..... mucho tiempo para terminar.
10 Hemos ganado.

Dialogue 8
1 Perdón, señor, ¿dónde se halla la casa de Correos?
2 De nada/a la orden.
3 ¿Correo ordinario o correo aéreo?
4 ¿Cuánto tiempo tarda en llegar?
5 ¿Aquí se reciben los telegramas?
6 ¿Cuánto cobran por palabra?/¿Cuál es la tarifa por palabra?
7 Firme en esta línea, por favor.
8 ¿A quién ha enviado el telegrama?
9 Quiero que me mande dinero/un giro de doscientos bolívares.
10 Voy a echar la carta.

Dialogue 9
1 ¿Tiene Vd. una habitación para dos personas?
2 ¿Cuánto cuesta una con baño y dos camas?
3 Cuánto tiempo van a quedarse, señores?
4 ¿Puede enseñarnos la habitación?
5 agua caliente en el cuarto de baño.
6 Sí, me gusta, vamos a tomarlo.
7 El mozo va a subir con su equipaje en seguida.
8 Sí. ¿cómo no? Quiero dar un paseo esta noche.
9 Vamos a preguntarle al camarero/Quizás sabrá el camarero.
El camarero nos lo contará/dirá.
10 ¿Dónde se puede coger el metro?

Dialoge 10
1 Muy mal.
2 ¿Piensas que la vida es más tranquila allí?
3 ¿Te sientes mejor en el campo?
4 No me importa.
5 encontrar algo de comer.
6 tiene una granja/hacienda.
7 ¿Qué haces para ayudarle?
8 ¿Es un trabajo muy duro?
9 Pasaste toda tu vida en el campo?
10 vine a.

Cloze Tests

Test 1
1 metió 2 despertar 3 había
4 iluminada 5 pasar 6 ser
7 avanzó 8 ante 9 sin
10 estaba 11 fumando 12 labios

Test 2
1 bajó se apeó 2 a su 3 dejó
4 un calor 5 hubiera 6 quizás
7 bonita 8 a él 9 tenía
10 ido 11 negó 12 enfermo

Test 3
1 el vuelo 2 algo 3 viajar
4 a otro 5 fueron 6 ésos
7 volaban 8 que 9 se cortaban
10 seguía

Test 4
1 vio/halló/encontró 2 por 3 ceder a/obedecer
4 huir de 5 nada 6 pegarían
7 si 8 se puso 9 querer pagar/pagar
10 fuese

Test 5
1 ahorrar 2 comprar 3 hacerse
4 se 5 compró/consiguió 6 comer
7 por/todas 8 entonces (un día) 9 seamos
10 se pusieron 11 se levantó 12 iba
13 montado 14 lo 15 empezó/se puso
16 él 17 ¿a cuánto?/ 18 sacó
 ¿a cómo se vende?
19 regresó 20 somos

Test 6
1 se vende 2 para 3 quisiera/deseo
4 fuera 5 los 6 el escaparate
7 más 8 que 9 he
10 quienquiera 11 se les acerca 12 ¿puedo servirles?
13 algunos 14 cuanto 15 se venden

121

Test 7

1	quiero	2	sí, lo haré	3	debes
4	me	5	hacia	6	conmigo
7	de	8	de que	9	sus
10	de nada	11	tenía	12	cabeza

Test 8

1	al ver	2	seguía	3	señal
4	pudo	5	apodo	6	conocen
7	se encogió	8	tenía	9	no es así verdad
10	la lectura	11	presté	12	maté

Test 9

1	a	2	atención	3	pasaba
4	que	5	hasta que	6	volví
7	por	8	cómpreme	9	gracias
10	primera	11	dije	12	no

Test 10

1	tomar	2	aceptó	3	al
4	debería/debiera	5	de hombros	6	vertió
7	Salud	8	un rato	9	echando
10	el contenido				

Test 11

1	se cuenta	2	territorio/país	3	se fueran, se retiraran se marcharan
4	sacrificó/perdió	5	existió (vivió)	6	fue
7	tan	8	se	9	embargo
10	llevado				

Test 12

1	fuerzas	2	tenían	3	declarado
4	antes	5	dispuestos	6	con respeto a/en cuanto a
7	opinaron/creyeron	8	Ministra	9	al
10	los				

Test Papers   Basic Proficiency

Test Paper I   Short Responses
1 ¿A cómo está el cambio del dólar?
   ¿Cuál es la tasa/el tipo de cambio?
2 El negó con la cabeza.
   Agitó la mano con un gesto negativo.
   Hizo una señal con la cabeza.
3 Ella llama por teléfono al señor López para contarle la situación.
   Ella deja el coche en la calle y va a casa a buscar la llave duplicada.
4 ¿Qué les parece .....?
   ¿Les gusta .....?
   ¿Cómo les cae el país?

Test Paper I   Cloze Test
1 años   2 llevada a cabo   3 hasta
4 gratuita   5 pueda   6 a
7 a   8 pasa   9 más
10 dispuestos

Test Paper II   Dialogue Completion
1 me falta la práctica
2 ¿dónde aprendió el inglés?
3 ¿De qué nacionalidad es usted?
4 ¿Sabía hablar inglés?
5 Conocía a otros peruanos.
6 lo encontré sin mucho problema.
7 cuesta mucho.
8 ¿En qué negocio piensa?
9 ¿Después qué hará?
10 ¿Ya tiene novia con quien casarse?

Test Paper III   Short Responses
1 Aquí está prohibido aparcar/parquear.
   Se prohibe aparcar aquí.
   No se puede aparcar aquí.
2 ¿Cuánto tiempo dura el viaje de Santander a Medellín?
3 ¿Se puede cambiar moneda extranjera aquí?
   Quisiera cambiar moneda extranjera ¿puedo hacerlo aquí?
4 ¿A qué hora abren el museo y a qué hora lo cierran?
5 ¿Hay que pagar?
   ¿Es gratuito?

Test Paper III   Cloze Test

1 fueron   2 oficina   3 se encontraba
4 querían   5 suerte   6 a
7 contenta   8 gustaban   9 llegó
10 Al   11 ya   12 tenían

Test Paper IV   Dialogue Completion

1 No la tengo ahora.
2 Alberto Rodríguez.
3 ¿Cual es su dirección?
4 Un perro cruzaba/atravesba/corría a través de la calle y traté de evitarlo y me encontré en la acera.
5 ¿Cuando? ¿Qué fecha?
6 Llame a un médico.
7 Yo soy médico.
8 ¿Qué te pasa?
9 Llamen una ambulancia.
10 Tengan cuidado/llévenlo al hospital pronto/no lo muevan mucho ..... etc.

General Proficiency

Test Paper I   Cloze Test

1 el idioma   2 arregló/hizo   3 trató
4 trabalenguas/otro idioma   5 todo   6 se
7 jota   8 ningún lugar   9 decir
10 su libreta   11 se pronuncia   12 peor

Test Paper III   Cloze Test

1 denunció   2 edad   3 hace
4 ayuden   5 internado   6 ataque
7 color   8 tiene   9 Cuando
10 llevaba   11 roja, negra, etc.   12 cualquier
13 sepa   14 su   15 lo